长三角一体化背景下
浙江金融创新推动实体经济
高质量发展研究

CHANGSANJIAO YITIHUA BEIJING XIA
ZHEJIANG JINRONG CHUANGXIN TUIDONG SHITI JINGJI
GAOZHILIANG FAZHAN YANJIU

丁志刚　蔡小哩　张燕萍　著

中国财经出版传媒集团
经济科学出版社
Economic Science Press

图书在版编目（CIP）数据

长三角一体化背景下浙江金融创新推动实体经济高质
量发展研究/丁志刚，蔡小哩，张燕萍著. －－北京：
经济科学出版社，2023.3
ISBN 978－7－5218－4656－0

Ⅰ.①长…　Ⅱ.①丁…②蔡…③张…　Ⅲ.①地方金
融事业－经济发展－研究－浙江　Ⅳ.①F832.755

中国国家版本馆 CIP 数据核字（2023）第 055282 号

责任编辑：刘　莎
责任校对：靳玉环
责任印制：邱　天

长三角一体化背景下浙江金融创新推动实体经济高质量发展研究

丁志刚　蔡小哩　张燕萍　著

经济科学出版社出版、发行　新华书店经销

社址：北京市海淀区阜成路甲 28 号　邮编：100142

总编部电话：010－88191217　发行部电话：010－88191522

网址：www. esp. com. cn

电子邮箱：esp@ esp. com. cn

天猫网店：经济科学出版社旗舰店

网址：http://jjkxcbs. tmall. com

固安华明印业有限公司印装

710×1000　16 开　14.25 印张　200000 字

2023 年 3 月第 1 版　2023 年 3 月第 1 次印刷

ISBN 978－7－5218－4656－0　定价：69.00 元

（图书出现印装问题，本社负责调换。电话：010－88191545）

（版权所有　侵权必究　打击盗版　举报热线：010－88191661

QQ：2242791300　营销中心电话：010－88191537

电子邮箱：dbts@ esp. com. cn）

浙江省哲学社会科学规划年度课题（一般课题）

项目名称：绿色金融驱动制造企业碳污共治的机理与政策研究

项目编号：23NDJC288YB

绍兴文理学院出版基金资助项目

序　言

　　党的二十大报告强调"要坚持以推动高质量发展为主题"并"坚持把发展经济的着力点放在实体经济上"，这表明党的十八大以来，尤其是党的十八届五中全会以来，"创新、协调、绿色、开放、共享"新发展理念将继续指导我国实体经济的发展方向。金融是实体经济发展的血液，需要与经济发展的需求相适应，因此，打造与实体经济高质量发展相适应的最优金融结构需要不断进行金融创新。2017年，浙江省被国务院确定为东部地区绿色金融改革创新试验区，金融创新被赋予推动实体经济高质量发展的新使命，金融创新支持实体经济高质量发展的作用需要深入发掘。2019年12月，中共中央、国务院印发了《长江三角洲区域一体化发展规划纲要》，为促进浙江更快融入长三角、带动浙江经济高质量发展提供了广阔空间，也给浙江金融创新注入了新动力。根据2021年6月浙江省人民政府印发的《浙江省金融业发展"十四五"规划》，"十四五"期间，浙江要"围绕服务新发展格局，基本建成高端资源集聚的金融服务战略支点、内外循环相互促进的金融要素配置枢纽，打造金融高质量发展强省和区域金融现代治理先行示范省"，并要在长三角一体化背景下体现比较优势，实现分工协作、错位发展。2022 年 3 月，中国人民银行、中国银行保险监督管理委员会、中国证券监督管理委员会、国家外汇管理局、浙江省人民政府联合发布《关于金融支持浙江高质量发展建设共同富裕示范区的意见》，提出要进一步优化金融资源配置，支持浙江经济高质量发展，具体包括提升金融服务科技创新能力、创新小微金融服务模式以及深化绿色金融改革等方面。由此可见，浙江已经成为全国金融创新的先行试点区。

在全国人民的共同努力下我国第一个百年目标如期实现，这是中国发展历史上的一个重要里程碑，也是中国经济迈向下一个百年目标征程的新起点。中华人民共和国成立后尤其是改革开放以来，中国经济面貌已经发生翻天覆地的变化，现正步入高质量发展阶段，高质量发展是中国经济"十四五"发展规划的重点。研究金融创新推动实体经济高质量发展符合国家宏观需要。

实体经济是一个国家经济的核心，中国经济高质量蓬勃发展离不开实体经济的高质量蓬勃发展。随着中国经济社会发展进入新时代，原有的金融体系逐渐难以满足经济高质量发展需要。研究通过金融创新推动实体经济高质量快速发展，对我国经济社会高质量发展有积极正向的引导作用。

本书以长三角一体化为背景，首先，分析浙江金融服务与实体经济发展之间关系的演化历程，从时间维度上提出金融创新推动实体经济高质量发展的内在驱动力。其次，在融合高质量发展、金融创新、最优金融结构、供给侧改革以及耦合协调理论与方法的基础上，建立长三角一体化背景下浙江金融创新推动实体经济高质量发展的理论框架；通过分析绿色信贷推动浙江实体经济高质量发展的耦合协调和效率评价，从金融结构和产出效率两个维度评估金融创新的效果，发现存在的不足与改进空间。再次，通过实证研究进一步揭示绿色金融、科技金融和数字金融等创新模式推动浙江实体经济高质量发展的机理、路径和实现机制。最后，在总结浙江商业银行开展金融服务创新典型案例的基础上，提出金融创新推动浙江实体经济高质量发展的实现路径与保障机制。

本书研究金融创新推动实体经济高质量发展的机理、路径和机制，探讨通过金融创新推动实体经济转型的同时促进实体经济高质量发展，为解决现阶段经济发展的主要矛盾提供理论依据。另外，实体经济在国民经济的核心地位使实体经济领域进行的金融创新更具代表性，有利于金融创新在其他领域的推广。金融创新的研究目前尚处于探索阶段，通过研究其在实体经济领域的实践模式还可以丰富金融创新理论的相关研究。

回顾本书的结集出版历程，首先，要感谢我指导的硕士研究生和本科生为本书的如期完成做了大量的基础性工作；其次，要感谢曾经指点帮助过我的良师益友引领我体验到从事科研学术的乐趣；最后，要感谢一直在我身后默默付出的家人让我在办公室加班写作时无后顾之忧，最终让日复一日的点滴积累汇聚成这本书。

生活在这个伟大的时代，为我提供了良好的学习环境和追逐梦想的机会，让我能够非常幸运地加入时代课题的讨论中，让我感受到人生被重新赋予了更多的意义。然而，由于本人学识浅薄，书中难免有疏漏错误之处，若能得到专家同行的批评指正，不胜感激。

丁志刚

2022 年 11 月于南山校园

目录
CONTENTS

第 1 章

绪　　论

1.1　研　究　背　景

1. 长三角一体化为浙江实体经济高质量发展创造了新机遇

2019 年 12 月，中共中央、国务院印发的《长江三角洲区域一体化发展规划纲要》对长三角一体化发展作出"一极三区一高地"的战略部署：将长三角打造成为全国经济发展强劲活跃增长极，经济高质量发展样板区、率先基本实现现代化引领区、区域一体化发展示范区，以及新时代改革开放新高地，推动长三角区域实现"创新、绿色、高效"的高质量发展以及"联通、开放、共享"的一体化发展。在长三角一体化发展进程中，浙江在数字经济、民营经济、生态文明、城乡协调、开放格局、体制改革等领域的特色优势明显，把握长三角一体化带来的重大发展机遇，可以整合更多资源，使长板更长、短板补长，推进实体经济融入长三角一体化发展走深走实。浙江需要找准定位，充分发挥禀赋优势，按照示范区先行探索、中心区率先融入、多板块协同联动、全省域集成推进的总体路径，打造"一极一翼一园一区"，具体包括"长三角创新发展增长极、长三角世界级城市群金南翼、长三角幸福美丽大花园以及长三角改革开放引领区"，牢牢把握长三角区域一体化带来的高质量发展机遇。

2. 浙江实体经济融入长三角一体化进程具有显著优势

浙江作为长三角一体化发展区域的重要组成部分，区位优势、产业优势、市场优势明显。一是在区位优势上，地理禀赋打造长三角金南翼。浙江地理位置战略意义重大，坐拥"一带一路""长江经济带""长三角一体化"等国家重大发展战略红利，同时在人才、资本、技术、产业协同等方面接轨上海实现资源互通共享。二是在产业优势上，数字经济创新引领产业结构优化。数字经济作为浙江一号工程，是浙江技术创新最密集、金融资本最富集、人才资源最聚集的领域。浙江数字经济创新活力凸显，阿里巴巴、大华股份、海康威视等一批龙头企业在关键核心技术领域的科技攻关，推动突破一批"卡脖子"核心技术。数字经济创新生态进一步优化，大数据、人工智能、云计算、智能硬件、5G 等领域形成先发优势，推动浙江新型产业蓬勃发展。三是在市场优势上，民营企业壮大提升市场活力。截至 2022 年 9 月，浙江 107 家民企跻身"中国民营企业 500 强"，占比 21%，连续 24 年稳居全国首位。浙江营商环境较优越，中小微企业数量多、成长快、平台丰富，各类专业市场企业集群优势明显，共同形成了一个有竞争、有活力的健康市场生态环境，阿里巴巴、吉利汽车、海亮集团、万向集团等一批实力优秀的民营企业发展迅速，在行业内处于明显优势地位。

3. 实体经济高质量发展需要浙江金融服务供给侧创新

长三角一体化提出以来，地区内社会融资规模持续增长，据中国人民银行统计，2020 年浙江社会融资规模增量达到 32 155 亿元，在长三角地区位居第二，这说明浙江金融业对实体经济提供了较大力度的支持。然而，长三角区域经济发展不平衡导致长三角金融资源配置效率不高，不良资产、互联网金融等风险依旧困扰着地区可持续发展。在长三角一体化背景下，浙江在民营经济、数字经济、科技创新等方面优势突出，要持续推动实体经济高质量发展，需要金融服务开展供给侧创新。浙江金融创新需要以新发展理念为指导，坚持金融为实体经济服务为导向，通过绿色金融、科技金融、数字金融、普惠金融等方式创新金融产品和服务，为浙江实体企业提供更多的中长期融资，促进经济结构转型和升级。

1.2　文　献　综　述

目前，长三角一体化发展已上升为国家战略，成为推动中国区域经济高质量发展的样本标杆。金融是现代经济的核心和血脉。金融创新囊括了工具、机构、市场以及制度层面的创新（王仁祥和喻平，2000），它是支持我国经济高质量发展的关键所在，研究如何充分发挥金融创新在长三角一体化经济高质量发展中的推动作用成为当务之急。浙江经济作为长三角经济的组成部分，在长三角一体化中占有着重要的地位。

1.2.1　金融创新与实体经济高质量发展关系研究

1. 金融创新对实体经济发展的影响

张晓朴与朱太辉（2014）指出，金融创新可直接或间接作用于实体经济，直接作用体现在金融业作为一种服务产业，金融创新可以直接转化为实体经济的产值；间接作用体现在金融体系在现代经济配置资源中有着极其重要的作用，进行金融创新可以影响资源配置情况，从而对实体经济产生间接的影响。王仁祥和杨曼（2015）通过使用"技术－金融"的范式，分别从三个层面（金融创新动力、运行和价值内核）来分析金融创新服务实体经济的过程中可能产生的结构性问题，依靠这个金融创新质量评价体系可以得知：金融创新活动的主要驱动因素源自生产企业技术创新。李媛媛等（2015）认为，金融创新作为一种社会的生产要素，正逐步渗透并影响着实体经济的发展。刘超和马玉洁（2019）研究后得出结论，金融创新可以依托系统内部传导系统以及技术创新路径转化影响实体经济发展的重要因素。陈丰华（2021）认为，我国金融支持实体经济发展效率整体呈现上升趋势，但各区域的金融创新结构对实体经济发展的效率不同的地区存在着差异性。几位学者从不同角度揭示了金融创新是如何对实体经济产生影响，帮助我们更全面地了解金融创新和实体经济。

2. 金融创新对我国实体经济有促进作用

林毅夫等（2019）将我国经济分为 3 个层次，通过研究我国的经济运行现状，指出了现状存在的 7 个金融结构性矛盾，并明确要解决这些结构性矛盾、推动我国实体经济高质量发展的有效途径是金融创新。张超和钟昌标（2021）使用工具变量法建立了一个较为系统的综合评价体系，试检验金融领域的 5 类创新（市场、机构、产品、技术及监管）对我国经济高质量发展的影响，得出金融创新指数对经济高质量发展水平呈显著的正相关这一结论，通过变动样本地区、更换变量指标等方法再次进行检验，结果依然成立。宇超逸和王雪标（2021）利用熵权 TOPSIS 法和中介效应模型检验经济增长的质量是否与金融创新存在联系，并得出了二者间的作用程度与其匹配度相关：金融创新与实体经济匹配度低时，金融创新会破坏金融稳定，不利于实体经济的发展，反之，在匹配度高时可以利用金融创新对实体经济的高质量增长有正向影响。我国金融市场目前较为稳定，金融创新与实体经济的匹配程度较高，通过金融创新能激发市场活力，促进实体经济高质量发展。

1.2.2 金融创新与长三角经济高质量发展的相关研究

金融创新与长三角经济高质量发展的相关研究尚处于起步阶段，学者们的研究成果可分为 3 个方面：一是金融发展对长三角经济的影响。汪浩瀚和潘源（2018）研究发现金融发展对长三角地区的产业升级具有推动作用。李和王（Li and Wang，2019）从金融地理角度研究了上海与区域内其他城市之间的关系，指出上海作为区域金融中心在长三角一体化进程中具有引领作用。陈明华等（2019）发现，

金融的协调发展增强了长三角城市经济发展的协调性。马军伟
（2019）发现，长三角地区战略性新兴产业成长能力弱制约着金融资
源支持产业发展的绩效。胡骋来等（2022）对长三角 41 座城市科技
创新的空间计量分析发现，金融环境整体水平以及金融覆盖广度、金
融使用深度和金融数字化程度等子维度都对科技创新有显著促进作
用，能更好地支持区域创新。这些研究为长三角金融创新提供了目标
方向。二是长三角金融资源制度与政策环境。季菲菲（2014）研究
长三角一体化进程中金融资源流动状况与动力机制，发现长三角金融
资源分布具有显著的地区差异，但是由于一体化进程加快和资本具有
的逐利性，地区间差距具有缩小的趋势。余霞民（2016）发现，地
方政府的相互竞争导致了长三角地区的产业布局出现了同构现象，而
区域间的产业同构使得金融资本在地区和产业之间没有得到合理配
置。陈诗一（2019）对长三角城市群自我国开展绿色金融建设至今
出台的制度政策、体制机制创新、金融机构创新实践等进展进行综合
评估。这些研究为长三角金融创新奠定了政策基础。三是长三角经济
高质量发展的驱动因素。罗宣等（2018）评价了长三角地区各省份
经济增长质量，认为经济结构、经济增长稳定性、福利和成果分配、
科技进步和资源环境代价是主要影响因素。范金等（2018）分析长
三角经济增长质量动态演化规律，指出产业结构升级和创新发展是区
域经济高质量发展的根本动力。孙燕铭和孙晓琦（2018）认为，加
强环境规制、提高清洁生产和污染治理技术的创新效率、深入推进绿
色创新和培育节能环保产业，是长三角地区绿色全要素生产率持续提
升的关键环节。肖等（Xiao et al.，2019）研究了长江三角洲 25 个城
市的全要素碳排放绩效，发现了政府改革和环境法规的积极影响。程
等（Cheng et al.，2019）为增进人们对城市生态效率及其影响因素
的理解，计算长江三角洲城市群的全要素生态效率，发现产业结构、
环境监管和创新对全要素生态效率具有积极作用。王然和成金华
（2019）发现，长三角经济社会发展与资源环境发展之间不够协调，

限制了区域整体高质量发展。黎文勇（2022）认为，长三角经济高质量发展指数总体呈现"上升—下降—上升"的变化态势；各城市之间的经济发展水平差异较大，经济高质量发展水平与城市的行政级别或经济规模存在一定关联。这些研究为金融创新提供了路径参照。

1.2.3 评论

1. 当前研究不足

当前，我国的金融创新和实体经济的发展仍存在一些现实问题。如金融制度和体系不够完备，导致金融创新不能充分作用于实体经济。再就是中国金融市场稳定性较为欠缺，因此应加强对维护金融稳定性的研究，为金融创新提供良好平台，促进实体经济高质量发展。还有中国有着广阔的疆域，不同地区的经济发展情况不尽相同，区域的金融创新领域研究较为欠缺，虽已有部分区域金融创新实践经验，但也万不可"一刀切"，对成功区域的经验进行直接套用，需要根据当地经济发展状况进行探索，根据实际情况采取金融创新，否则将导致地区的金融需求不能充分满足、金融创新不能充分作用于实体经济。田秀娟等（2021）也通过对比研究指出，虽然金融创新和科技创新都对实体经济发展有明显的促进作用，但来自科技创新路径的促进作用更为明显，而金融创新路径在目前的实践中未能在补齐之前传统金融行业在服务实体经济方面的短板，缺陷较明显，金融服务效率低下的问题仍然存在，金融服务的马太效应加剧。

2. 未来研究方向

林毅夫等（2019）指出，未来各地应该结合自身禀赋结构特征因地制宜地研究并采取因势利导的金融创新，以更精准地满足本地实际的金融需求，而不是采取"一刀切"式的做法来落实国家的金融规划与金融政策或模仿其他地区的金融创新。庄雷和王烨（2019）

从应该关注利用技术条件、监管制度与人才培养 3 个方面提出推动金融科技创新促进实体经济发展的对策。周嫱（2021）也认为，应将工作重心转移到金融制度的改革，推动经济和金融共同发展，提高金融资源的利用率。在综合分析现有研究成果的基础上，本书认为未来研究需要注意 3 个方面：一是要结合自身禀赋结构特征，因地制宜地探索并采取符合实体经济高质量发展需求的金融创新策略；二是要更加关注技术创新、人才培养和监管制度在优化金融结构、提升配置效率中的作用；三是要放在区域经济一体化背景下探索推动金融与实体经济的协同高质量发展的新路径。

1.3 研 究 目 的

1. 揭示长三角一体化背景下浙江金融发展与实体经济的关系演化规律

沪苏浙皖三省一市历史文化相通相融、区位交通互联互通、产业布局互补协同、金融结构相互渗透，具备了区域一体化发展的多种有利条件。目前传统金融体系存在供需错配问题，金融供给侧创新将金融服务与实体经济高质量发展匹配起来，打造适合经济高质量发展的"最优金融结构"，可拓展现代金融理论研究视角。

2. 探索浙江金融推动实体经济高质量发展的创新模式

金融是现代经济的核心和血脉（Jeucken，2001），而新发展理念指导下的金融创新既是传统产业升级、绿色技术、环保产业发展的助推器，也是落后、过剩、污染产能的消解器（Wang et al.，2019）。运用资源配置理论度量金融创新与实体经济高质量发展的耦合关系，进一步揭示绿色金融、科技金融、数字金融等创新模式对实体经济高质量发展的作用路径，可丰富金融模式创新研究。

3. 探究浙江金融创新推动实体经济高质量发展的内在机理

当前金融体系存在一个突出问题——供给与需求的错配，因此，金融供给侧创新的目标是打造适合实体经济高质量发展的"最优金融结构",将金融功能与地区高质量发展、服务实体经济匹配起来。实证检验金融创新通过"调结构、转方式",在促进生态文明建设、推动经济可持续发展等方面发挥的积极作用,揭示金融配置优化对绿色发展、共同富裕和区域协调发展等的影响。

4. 探索浙江金融创新推动实体经济高质量发展的实现路径

新发展理念指导下的金融创新在优化消费结构、促进城乡均衡发展、推动企业创新投资等方面具有积极作用,金融创新推动浙江实体经济高质量发展的内外部影响因素,提出金融配置优化方案和保障机制,可指导金融机构服务创新、优化业务布局,提升经济效益,将对政府部门与行业组织加快金融服务基础设施建设、完善金融监管体制、提升金融服务实体经济成效具有参考意义。

1.4　基本思路与研究框架

1. 基本思路

按照"理论基础→效果评价→实证检验→应用研究"的基本思路,本书研究过程分为 4 个阶段:①结合高质量发展、金融创新、最优金融结构、供给侧改革以及环境规制理论,分析长三角一体化对浙江经济与金融发展带来影响以及浙江金融发展与实体经济的关系演化历程,建立长三角一体化背景下浙江金融供给侧创新推动浙江经济高质量发展的理论框架;②建立实体经济高质量发展指标,评估金融创新配置推动浙江实体经济高质量发展的耦合协调和产出效率,从金融结构和产出效率两个维度评价金融创新推动实体经济高质量发展的效果;③通过实证检验进一步揭示绿色金融、科技金融和数字金融推动浙江实体经济高质量发展的机理、路径和实现机制;④选取开展绿色金融、科技金融和数字金融服务创新的代表性商业银行开展案例研究，总结提出金融创新推动浙江实体经济高质量发展的实现路径与协同保障机制。

2. 研究框架

本书以"推动浙江实体经济高质量发展的绿色金融创新问题"为研究对象，在充分的文献研究和数据调查基础上，确定了主要研究任务和步骤，具体研究框架与技术路线如图 1 - 1 所示。

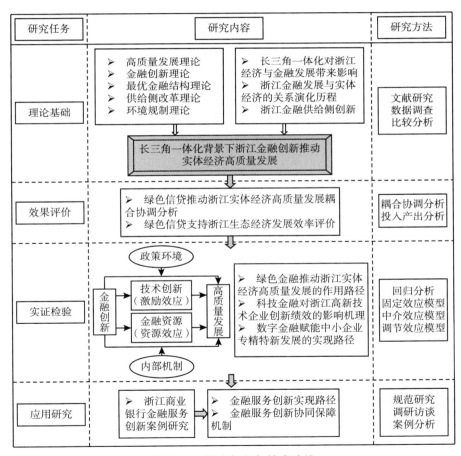

图 1 - 1　研究框架与技术路线

1.5 研 究 方 法

采用资源配置理论并结合耦合协调模型评价金融配置与实体经济匹配程度，用回归分析、因子分析等方法从金融资源配置指标中识别耦合协调的主要影响因素，评价结果更具针对性，可以深化金融创新和实体经济高质量发展的关系研究。

（1）直接测度法。鉴于难以获取省级层面金融统计数据的情况，尝试从实体企业评价的角度，采用相对直接的定量分析方法，搜集整理上市公司年报中的金融发展数据，客观测度长三角一体化背景下浙江省金融创新的投入和产出状况，进而考察金融创新对实体经济高质量发展的作用效率和影响路径，并对其效率之差异进行比较分析，以期更准确地评价与优化金融创新的实践效果。

（2）耦合评价法。耦合协调理论在经济领域主要应用于描述多种资源要素配置的协同关系。利用耦合度模型和耦合协调模型对浙江省绿色信贷和实体经济高质量发展的耦合协调效应作实证分析，评价金融服务创新与高质量发展的协同水平。通过关联分析后，可发现绿色信贷对实体经济的高质量发展的作用路径，为优化浙江省绿色信贷和高质量发展的耦合协调水平指明方向。

（3）投入产出法。金融创新的最终目标是要促进经济发展与环境效益的同步提升，需要对金融资源投入端与经济质量产出端的改善情况进行综合效率评价。结合投入—产出理论，从经济学资源配置的视角来度量金融总的产出效率，用单要素生产率度量金融各投入变量的产出效率，可矫正金融配置扭曲，提高供给结构的适应性和灵活性，优化实体经济的发展质量和全要素生产率。

（4）实证研究法。通过调研长三角一体化背景下浙江省经验数据，对金融结构、投入规模等影响实体经济高质量发展的因素进行实证分析，分别检验绿色金融、科技金融、数字金融等创新模式与实体经济高质量发展之间的关联程度，并结合调研数据对实证模型作中介、调节效应分析，发现金融创新影响实体经济高质量发展的作用路径与异质性因素，进而提出金融创新优化策略。

（5）案例研究法。为了弄清长三角一体化背景下商业银行金融投入对经济高质量发展的影响，评估研究结论与对策建议的有效性，选取在金融创新方面具有代表性的浙江 3 家民营商业银行作为研究案例，分别为湖州银行、杭州银行和网商银行。运用实地调查与网络搜集等方式，对案例银行进行数据调研与资料采集，通过对 3 家商业银行的金融创新举措和实践效果分析，给出商业银行服务实体经济高质量发展的对策建议，并总结值得借鉴的经验启示。

1.6 章 节 安 排

本书的章节安排如下：

第 1 章首先分析长三角一体化与浙江省实体经济高质量的研究背景，从金融创新与实体经济高质量发展关系的研究视角进行文献综述，阐述本选题的研究目的及意义，提出整体方案的基本思路、研究框架和研究方法。

第 2 章全面梳理金融创新与高质量发展相关的理论基础。从高质量发展理论、金融创新理论、最优金融结构理论、"需求侧—供给侧—双循环"理论、环境规制理论等方面全面综述本书所涉及的研究领域理论发展现状，并结合选题开展综合评述，为本书研究奠定理论基础。

第 3 章分析长三角一体化背景下浙江金融发展与实体经济的关系演化历程。在阐述浙江融入长三角一体化进程的基础上，探讨长三角一体化对浙江经济发展的影响，将浙江金融发展与实体经济的关系演化划分成早期分离、初步协调、深度融合 3 个阶段，并探索如何进行金融供给侧创新，促进浙江实体经济实现高质量发展。

第 4 章主要从两个方面实证分析银行绿色信贷业务创新推动浙江实体经济高质量发展的效果。一是运用耦合协调模型分析绿色信贷推动浙江实体经济高质量发展的耦合协调程度；二是运用投入产出模型评价绿色信贷支持浙江生态经济发展的效率，从政策效果视角揭示浙江省金融创新对实体经济发展产生的影响。

第 5 章通过绿色金融与实体经济高质量发展的理论框架和研究假设，确定从微观角度选取浙江省绿色企业数据来分析绿色金融与实体经济高质量发展之间的关系，并构建实体经济高质量发展指数，经过实证检验来探索绿色金融推动浙江实体经济高质量发展的作用路径。

第 6 章是科技金融对浙江高新技术企业创新绩效的影响机理研究。从理论层面讨论了科技金融、现金比率与高新技术企业创新绩效的传导机制，并提出假设采用中介效应检验方法，研究科技金融对高新技术企业创新绩效的作用。

第 7 章是数字金融赋能中小企业专精特新发展的实现路径研究。本章在梳理数字金融与中小企业专精特新的发展关系的基础上提出了研究假设，并通过实证检验数字金融对中小企业发展成为"专精特新"企业具有的关系。

第 8 章是浙江商业银行金融服务创新案例研究。主要从绿色金融服务创新、科技金融服务创新和数字金融服务创新 3 个经典的商业银行金融服务创新案例分析金融创新与实体经济发展的关系，总结提出浙江商业银行金融服务创新模式与成功经验。

第 9 章是长三角一体化背景下浙江金融服务创新实现路径与保障机制。从服务对象、服务内容、服务手段 3 个方面探讨金融服务创新的实现路径，并在此基础上提出法律保障、制度建设、市场机制、风险控制、产品创新 5 个方面构建金融服务创新的协同保障机制。

第 10 章是总结与展望。对前面各章分析和研究内容进行总体概括，总结全书的理论观点及主要价值，指出本书研究的局限性以及未来研究的方向。

第 2 章

相关理论基础

2.1 高质量发展理论

改革开放以来，我国国民经济蓬勃发展、经济总量步步抬升，综合国力和国际竞争力逐渐增强，逐步实现从低收入国家到中等收入国家的转变。近年来，经济保持快速增长，年均经济增速甚至高达9.8%。但在经济高速发展进程中，中国的经济发展却面临着结构失衡、环境污染加剧、经济效率低下、收入差距拉大等外延式和粗放式发展问题。如今中国特色社会主义步入了新时代，我国经济发展也开启了新的篇章。加速推进高质量发展进程，一方面是为了实现经济持续健康发展，另一方面是为了适应我国社会主要矛盾的变化需求。"高质量"这一特性逐渐成为经济持续发展的基础性和关键性变量，数量型经济增长模式已逐渐被摒弃，必须将高质量发展作为经济发展模式创新的基础，促使中国经济尽快进入高质量发展轨道。

2.1.1 高质量发展的内涵和特征

1. 高质量发展的内涵

"质量"实质上是一种"效益、品质"，高质量发展代表着经济发展质量的高级水平和最优状态。高质量发展即促进经济持续稳定增长，缩小区域城乡发展之间的差距，通过积极创新，优化产业结构，最终使全体人民能够共享经济发展成果，体现着"创新、协调、绿色、开放、共享"。高质量发展体现了经济发展有效性、充分性、协调性、创新性、持续性、分享性和稳定性的全面综合，是生产要素投入低、资源优化配置、环境投入成本低、经济发展效益好的质量型发展模式。总而言之，高质量发展最终是为了更好地满足人的多层次需求，即为人民提供高质量的产品和服务以满足人的基本需要，与此同时保障公平正义，为人的自我实现创造社会环境和基本条件。

2. 多维度视角下的高质量发展

高质量发展不同于高速发展，它是一个看似简单却不易全面把握的复杂概念，对它的研究更是一个崭新的综合性课题。可以从 4 个不同的维度来深入理解高质量发展。

一从宏观和微观相结合的维度。从微观层面看，高质量发展主要是实现产品或者服务的高质量。以产品高质量为主导的生产发展，包括了经济活动中的产品、工程、服务质量等方面的高质量发展。从宏观层面来看，高质量发展代表着国民经济整体质量和效率，体现了增长的稳定性、发展的均衡性、环境的协调性、社会的公平性，意味着整个经济社会的发展进步。宏观经济的高质量发展离不开经济发展主体、依赖技术以及产品品质等微观元素高质量的支撑。

二从供给和需求相结合的维度。高质量发展所覆盖的领域比较全面，具体包括高质量的供给体系、高质量的需求内力、高质量的资源利用、高质量的收入分配以及高质量的经济循环。新时代中国经济实现高质量发展，必然要以实现高质量的供给为前提，从总体上提高商品和服务的供给质量，以更高品质、更高性价比的商品去满足消费者日益提高的品位需求，顺应市场需求升级的必然趋势，尽力实现供需匹配吻合。

三从公平和效率相结合的维度。高质量发展是以满足人民日益增长的美好生活需要为目标的高效、公平和可持续的发展。实现高质量发展需要解决公平和效率两者之间的冲突，其核心是在更加公平的基础上实现高效率发展。从公平角度看，高质量发展意味着要从不平衡不充分发展转向共享发展、充分发展和协同发展，实现产品服务高质量、投入产出高效率、发展技术高新化、产业结构高端化、发展成果共享化和发展方式绿色化。从效率角度看，高质量发展需要利用最少的要素投入获得最大的产出，极限提升生产效率，使各类资源的价值得到最大限度的利用。

四从质量和数量相结合的维度。数量和质量是辩证统一的，两者不可分割，量的积累形成质变，量是基础，而质是比较的结果，实现高质量发展需要实现两者兼顾，在牢固树立"质量第一、效率优先"先进理念的同时，改变以往单纯依靠物质资源消耗实现的粗放型经济高速增长模式，通过提高创新技术、改善管理和提高劳动者素质等方式实现经济的集约型增长，提高"质"的含金量。

3. 高质量发展的特征

创新是高质量发展的核心依托。在经济新时代，创新对高质量发展的积极建设发挥着举足轻重的作用。当今世界经济社会的发展优势越来越依赖于理论、制度、科技、文化等领域上的积极创新，国际贸易引流中，国家竞争力优势也越来越体现在创新能力上，而科技创新作为赖以发展的核心能源，对劳动力、资本、技术、管理等生产要素具有乘数效用，科技创新的乘数效应越大，对促进产品质量提升的贡献率越大，经济发展的质量也就越高。创新已然成为驱动高质量发展的核心动能，高质量发展体现了新旧动能的转换和发展方式的变化。

协调平衡是高质量发展的内在要求。针对经济高速增长和经济结构不平衡的问题，协调发展强调经济社会发展的整体性和统一性。面对经济体内部城乡发展不均衡、区域发展不平衡、经济发展和社会发展不同步以及人与自然发展不和谐等现象，毫无疑问，协调平衡发展是实现高质量发展的必然现实诉求。协调发展理念对促进高质量发展进程的上下联动、内外兼修合力生成，提升高质量发展路径的稳定性发挥着至关重要的作用。

绿色发展是高质量发展的普遍形态。曾在粗放型增长模式依托下造就了我国经济的高速增长，但也付出了高额的代价，资源日趋稀少、环境污染、生态退化、人与自然关系的紧张，无疑成为经济转型发展的巨大阻碍。在这一背景前提下，绿色循环低碳发展展现出了它自身无限的发展空间和发展潜力，对社会经济发展和生态环境共赢的追求，体现了它的前瞻性和可持续性。新时代背景下，财富理论将生态财富与物质财富捆绑，绿色经济发展与高质量发展相辅相成，两者的交汇将产生相互融合、相互促进的作用，绿色发展理念成为高质量发展规划的普遍意识形态和行为形态。

开放合作是实现高质量发展的必由之路。回顾中国改革开放40余年的发展历程，实践证明，过去40余年中国经济的高速增长离不开对外开放条件下的国际合作，现阶段以及未来中国经济的高质量发展也离不开国际贸易环境带来的巨大市场和机遇。新时代，伴随着我国从社会主义初级阶段逐渐发展至新的更高发展阶段，我国经济也从高速增长开始转向高质量发展，意味着生产力发展水平将有巨大提升，而生产关系为了适应生产力的发展也将发生巨大变革。经济全球化已成为不可逆转的大趋势，世界各国经济相通则共进、相闭则各退，融入世界经济是我国经济发展不可变更的大方向。这就需要在双循环新发展格局下，进一步实施更深层次、更宽领域的对外开放。在更高水平对外开放的经济环境下，充分高效利用全球丰沛的资源和市场，为我国经济高质量发展提供源源不断的动力。

共享是实现高质量发展目标的价值导向。实现共享是增进人民福祉、促进经济社会高质量发展的必然要求。只有将共享作为高质量发展的"最终目的"，才能充分调动全体民众的积极主动性和思维创造性，社会发展也才有了最深厚的动力源泉。实现人民生活的高质量是高质量发展的核心要义，而实现人民生活高质量就必须走共享发展道路。中国经济的"蛋糕"在逐渐做大做好，而如何分配好这块"蛋糕"极为重要，只有让群众有更多获得感，凝聚发展动力，才能为高质量发展提供有力保障。

2.1.2　高速增长转向高质量发展的趋势分析

1. 经济高速增长为高质量发展奠定基础

经济发展是一个波浪式前进过程，前进的过程并不是固定不变的，当量积累到一定阶段时，必将引起质变。郭春丽等（2018）通过研究表明，在经济高速增长阶段，我国人力资本质量加速提升，海外人才回国率大幅提升，我国创新创业蓬勃发展；与此同时科技成果质量也稳步提升，虽在高新技术区域仍有一定短板，但也在一定程度上为科技创新奠定了牢固的基础。自改革开放以来，为满足社会发展需求，我国经济追求高速增长，简新华和聂长飞（2019）表明，近40年来我国 GDP 实现了年均 9.6% 的高速增长，人民生活水平得到了质的提升。党的十八大以来，我国经济相继取得了众多标志性成就，王一鸣（2020）指出，我国人均国内生产总值已超过 1 万美元，城镇化水平大幅提升，城镇化率超过 60%，低等收入人群在不断缩减，中高等收入群体已经超过 4 亿人，为高质量发展提供了诸多优势和有利条件，积累了丰富的实践经验。王锋和王瑞琦（2021）明确指出，经济基础决定上层建筑，只有当经济增长水平达到一定层次之后，才有资格对经济增长质量提出更高的要求。以上研究都表明，经济高速增长为高质量发展奠定了一定的基础。在社会经济的不同发展阶段，每一阶段遇到的和需要解决的难题都有所不同，关注并追求的目标也不同，中国经济发展进程呈现的一系列阶段性变化，都揭示了转向高质量发展是顺应社会经济发展规律的必然选择。

2. 经济转向高质量发展是时代特征的必然要求

改革开放的伟大决策，使中国经济抓住了全球化经济发展浪潮的巨大机遇，实现了持续的高速增长，创造了举世闻名的"中国经济奇迹"。但经济在高速增长的同时也付出了巨大的代价，任保平（2018）指出，长期以来，我国的经济增长过度依赖外需和投资拉动，不仅造成了极大的资源要素浪费，而且极易受到国际贸易市场波动的影响。陈诗一和陈登科（2018）指出，多年来粗放式高速增长和追求 GDP 的传统思维，造成了投入要素的大量浪费，在经济效率不高的同时还造成了严重的环境污染。丁守海等（2022）表明，我国劳动力成本在不断上升，人口红利优势在逐渐消失，投资对经济增长的拉动作用在削弱，内需不足问题慢慢暴露，高能高耗的生产弊端也逐步显现，城乡差距的扩大都阻碍着我国经济的继续增长。这些不利因素都严重阻碍了我国经济的持续健康发展。社会发展主要矛盾发生变化，而发展中存留的矛盾与问题均指向发展质量。为转变这一发展困境，促进经济发展方式的转变、加快产业结构升级、提高经济效率，推进高质量发展已成为必然选择。苗勃然和周文（2021）指出，当今世界正在经历百年未有之大变局，而此时我国正处于中华民族伟大复兴的关键时期，面对新冠肺炎疫情对全球经济的打击，我国只有积极调整经济发展方式才能适应世界范围的新变化。与此同时，即将在全球产生巨大影响效力的新一轮科技革命也在悄无声息地改变着全球经济发展新结构，这既是挑战也是推动我国经济高质量发展千载难逢的重大机遇。面对全球经济下行压力，抓住机遇，迎接未来新形势，推动高质量发展，是实现中华民族从富到强伟大飞跃的必经之路。

2.1.3　实体经济高质量发展的实现途径

1. 坚持改革创新为根本动力

为推进我国实体经济转型升级、逐步跨入高质量发展轨道，首要将创新作为我国现代化经济建设的核心要点，将科技创新作为我国发展的战略支撑，加快实施创新驱动发展战略，突破关键核心技术难点，补齐核心技术短板，提升产业价值链，推进产业迈向中高端水平。秦放鸣和唐娟（2020）指出，创新驱动带来的不仅是技术上的革新，而且能够产生新的生产要素形成新的经济增长点，在优化产业结构的同时还能大幅提高资源利用率，降低环境成本，是激活经济发展的一剂重要原动力。而激发创新活力可以通过完善技术创新体系，推动科技成果从数量型转向质量型；培养创新型人才，加快推进现代化教育，培育大批高水平的创新型团队；营造良好的创新氛围，加大对个人或团队知识产权的保护力度，大力弘扬科研创新精神等方式来实现。

2. 深化供给侧结构性改革

现阶段我国实体经济持续发展面临的最大阻碍便是严重结构性过剩，传统制造业发展动力欠缺，产业发展前景堪忧，供给市场端过度竞争造成众多企业经营困难，企业转型升级受众多问题制约。有效供给不足和无效供给过剩严重影响着我国供需平衡，在这种背景下，为激发实体经济活力、推动实体经济的高质量发展、提高供给体系质量，必须大力推进供给侧结构性改革。黄聪英（2019）指出，优化产业结构是提升实体经济供给质量的核心，大力推进供给侧结构性改革，一方面需要推进要素市场化配置改革，另一方面需要进行产业结构的全面优化，这样才能推进我国实体经济转型升级逐渐迈向全球价值链的中高端。而实现实体经济的结构优化需要加快传统产业结构调整，推动传统产业迈向现代化；与此同时加快推进新兴经济的发展，形成新的经济增长点；创新经济发展新业态新模式，拓宽实体经济发展新领域。

3. 推动金融服务于实体经济

金融是实体经济的出发点和落脚点，是实体经济发展的重要支撑。金融体系作为现代经济健康运行的核心，起着优化资源配置的重要作用，决定着实体经济的大致发展方向，实体经济的高质量发展离不开金融的大力支持。郭威等（2020）认为，服务于实体经济发展是金融的宗旨，为助力实体经济高质量发展，应加快对融资结构和金融机构、市场、产品体系的优化改进，疏通金融进入实体经济的渠道，增强资本市场服务实体经济功能。由此可见，金融服务对实体经济的发展至关重要，金融业应坚持服务实体经济的初衷，营造良好的货币环境，构建多元化金融市场，严格防范和化解金融风险，不断拓展金融开放路径，利用流动性资金活水助力实体经济的高质量发展。

4. 加强政府宏观调控，营造优渥营商环境

在高质量发展过程中，政府不仅是管理者，更是不可或缺的参与者、先行者和示范者。政府在宏观调控过程中应注重避免过度干预，应该为各类主体提供一个良性的市场竞争机会，营造公平、开放、协调的市场环境，切实做到放出活力、管出效果、服务到位。在调控时，需要注意建立质量型政策去保护知识产权，解决企业及科研团队在创新研发上的顾虑。通过科学的政策引导去倒逼企业进行科技创新，并加大对企业创新的政策支持、补偿与激励，实现微观、中观与宏观经济主体的共赢。努力做到高质量市场监管，使市场活而不乱，共促经济的高质量发展。

2.2　金融创新理论

2.2.1　金融创新的含义与维度

1. 金融创新含义

创新理论最早由熊彼特提出，而金融创新这个概念，则是随着实体经济不断发展形成的，指发生在金融这个领域的一切形式的创新活动，涵盖金融工具、服务、技术和市场等创新，所有创新活动能极大地提高金融市场的效率，满足实体经济新产生的许多金融服务需求。

从改革开放开始，我国自上而下进行金融改革，随着社会市场经济的快速发展，金融创新也到了快速发展的崭新阶段。经济发展要进行新变革需要技术创新和金融创新同步。特别是随着中国经济大约从 2010 年开始革新原有模仿和追赶的模式，逐步变成以自主创新为重点的驱动模式，以及计算机、大数据、区块链等新兴互联网技术在金融活动中的广泛运用，金融创新得到了越来越多的关注与重视，张超和钟昌标（2021）认为，在我国经济转向高质量发展的时候，一个能够支持经济领域一切创新、产业升级开拓、达到经济可持续发展目标的金融体系必不可少。

因此金融创新虽包含众多形式，但都需结合多样化的市场需要，一步步朝着形成一个完整的金融体系前进。

2. 金融创新维度

金融创新存在众多形式，专家学者们也从不同的视角进行了相关研究。

从经济增长角度，张超和钟昌标（2021）从以下方面构建经济评价体系，包括金融市场、机构、监管创新等的创新，分析金融创新活动对经济高质量发展有何影响；李林汉和田卫民（2020）使用空间杜宾模型，分析了在遵循一些制度下，金融创新与规则二者间的协同效应对实体经济增长的影响；宇超逸和王雪标（2021）则采用熵权 TOPSIS 法，同样分析经济影响机制；胡国晖和郑美美（2020）通过不同的研究方式，同样也得出了相似结论，即金融创新可以推动区域经济量增长。

从金融创新自身的角度，娜日和朱淑珍等（2016）对互联网领域的金融服务创新能力进行了分析探究；王淑娟等（2018）认为，金融创新和金融改革均有利于通过提高企业研发投入来提升企业自主创新能力，特别是高新技术企业；还有学者指出，需要依靠金融创新来解放体制的束缚，进一步深化市场创新。

此外，也有不少学者研究金融创新对乡村振兴的推动作用以及金融创新与风险管理和金融监管的相互关系等。总体而言，金融创新对经济发展环境的变化的适应是研究的主流方向和重点。

2.2.2　金融创新模式

近年来，出现了许多认为金融不够支持实体经济的观点，其原因是经济增长模式在转变，对金融提出了新要求，金融创新需要作出改变。党的十九大报告中明确指出"金融体制改革，要增强金融资源对实体经济的服务能力"，对金融创新提出要求，下面介绍在实体经济发展大背景下3种金融创新模式。

1. 科技金融模式

在当前环境下，中国经济处于需要转型升级的阶段，培育新功能时改造旧动能，同时科技中小企业是推动经济高质量发展的重要主体，意味着科技创新将成为经济增长的主要动力。而金融具有引导社会资源配置的功能，可以通过精准匹配的方式，满足科技企业和科学技术等不同主体的需求，提供资金服务，实现金融创新的目标。但从传统经济活动看，金融体系常以间接的方式进行融资，因此带来了资金价格高、风险偏好低等问题。全新的金融需求随着科技创新发展而产生，传统金融体系面临淘汰的处境。对金融体系进行革新刻不容缓，同时也需要进一步完善金融要素以满足金融需求。在这样的背景下，科技金融应运而生。

从2011年开始，中央出台了众多科技金融发展问题的相关文件，如党的十九大报告内容，除此之外还有许多不一一赘述。科技金融是未来金融发展的一个必然趋势，需要参与方共同重点关注，在相关政策的助力下，将金融创新与科技发展协同起来，促进金融行业整体运行效率提升与经营成本降低。

由于科技金融是近年来随着经济环境不断演化和延伸的，因此科技金融的含义仍未统一。通过阅读文献，大多学者比较认同的是赵昌文教授所归纳整理的观点。他倾向于科技金融是有 3 个方面作用的一系列安排，具体为促进科技创新、把所取得的成果进行转化和科技型技术产业不断发展，包括对工具、制度、政策与服务等的指导，具有系统性和创新性的特征，也是一种包括企业融资过程中各种活动的体系，涵盖企业和市场等多种主体。

总之，科技金融是科技创新和金融创新共同发挥协作作用的产物，随着技术水平和金融发展逐渐成为衡量国家综合国力的重要指标，更要推动金融资源为科技服务的过程，企业存在融资需求，科技离不开金融支持。

从传统上看，科技金融主要包括两方面的形式：第一种是政府主导的，通过政府资金的注入或者引导民间资本建立基金，推动科技企业发展；第二种是更加多样的融资渠道，包括政府扶持、科技保险、科技贷款等，给予企业便利。

此外，刘熹微等（2021）也以自己的方式区分了科技金融的类型，分为公共科技金融和市场科技金融。公共科技金融是政策方面的金融活动安排，由政府主导，而市场科技金融侧重于商业金融机构和其他相关方提供的产品与服务。商广蕾（2021）则是从多元化的角度出发，考虑了市场、政府、银行和企业等多层面的支持，建立了如图 2 - 1 所示的创新支持体系。

2. 数字金融模式

数字金融内生于现实社会经济的发展要求，有以下两个原因：第一，中小微企业代表的民营企业在中国实体经济发展中的地位越来越重要，中小微企业有数量大但规模小的特征，但是技术限制使得缺乏可靠的财务数据，为这类企业提供金融服务具有不小的挑战；第二，伴随互联网技术应运而生的各种手段的使用，使得对大数据进行收集和处理最后共享成为可能，传统的线下交易服务已经不能满足当前经济需求。

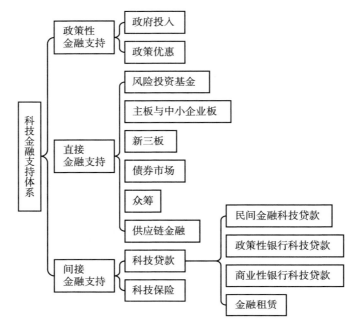

图 2 – 1   多元化科技金融创新支持体系

因此，为更好地适应新时代金融发展的需要给人们提供广泛、便利、快捷的金融服务，必须推动数字金融的健康有序发展，使其应用于实体经济领域，成为激励经济发展与产业结构转型升级的重要动力。

而且数字技术能通过"三升两降"解决一些金融问题，"三升"包括扩大市场金融服务规模、改善用户金融服务体验和提高企业金融服务效率，"两降"包括运营成本的降低和对存在风险的控制。

"数字金融"的定义为传统金融机构和互联网公司一起合作，利用众多的数字技术如大数据完成融资、支付、投资和新型的金融业务。由于参与方的不同，数字金融也分为几种类型，但从广义上来看数字金融和互联网金融都称为数字金融。总体看来数字金融业务种类很多，几乎所有金融业务都或多或少地会使用到数字技术。因此，只要能用数字技术就是数字金融。

通常用中国数字普惠金融指数来衡量我国数字金融发展的程度。表 2 - 1 为详细的数字普惠金融指标体系。

表 2 - 1　　　　　　　　数字普惠金融指标体系

一级维度	二级维度	具体指标
覆盖广度	账户覆盖率	每万人拥有支付宝账号数量
		支付宝绑卡用户比例
		平均每个支付宝账号绑定银行卡数
使用深度	支付业务	人均支付笔数
		人均支付金额
		高频度（年活跃 50 次及以上）活跃用户数占年活跃 1 次及以上比例
	货币基金业务	人均购买余额宝笔数
		人均购买余额宝金额
		每万支付宝用户购买余额宝的人数
	信贷业务（对个人用户）	每万支付宝成年用户中有互联网消费贷的用户数
		人均贷款次数
		人均贷款金额
	信贷业务（对小微经营者）	每万支付宝成年用户中有互联网小微经营贷的用户数
		小微经营者户均贷款笔数
		小微经营者平均贷款金额
	保险业务	每万人支付宝用户中被保险用户数
		人均保险笔数
		人均保险金额
	投资业务	每万人支付宝用户中参与互联网投资理财人数
		人均投资笔数
		人均投资金额
	信用业务	每万支付宝用户中使用基于信用的生活服务人数
		自然人征信人均调用次数

续表

一级维度	二级维度	具体指标
数字支持服务程度	移动化	移动支付笔数占比
		移动支付金额占比
	实惠化	小微经营者平均贷款利率
		个人平均贷款利率
	信用化	花呗支付笔数占比
		花呗支付金额占比
		芝麻信用免押金额占比（较全部需要押金情形）
		芝麻信用免押金额占比（较全部需要押金情形）
	便利化	用户二维码支付的笔数占比
		用户二维码支付的金额占比

资料来源：郭峰，等 2019.

中国的数字金融最早从移动支付开始，2003 年淘宝为解决信任和支付问题，推出了支付宝；2004 年上线配合淘宝使用的支付宝体系，从此数字金融开始萌芽。在那之后，数字金融在 2010 年迎来进一步发展，在 2013 年得益于支付宝中的余额宝功能的上线使用，数字金融元年开启。对照表 2-1 对中国金融指数进行调查，在 2011 年后的 7 年里，数字金融呈现连续、快速的上升态势。近年来，对数字金融进行研究的学者也越来越多，研究方向也越来越多。

滕磊和马德功（2020）通过回归模型进行实证分析，得出了数字金融能够显著促进高质量发展的结论；李梦雨和彭传旭等（2021）对我国 275 个城市的面板数据，实证检验了数字金融对经济高质量发展的影响；孟添和张恒龙（2022）认为，数字金融所具备的共享、便捷、安全、低成本和低门槛特点契合了经济高质量发展的要求。数字金融能够发挥资源配置效应和普惠效应，促进区域经济高质量可持续发展，具体作用见图 2 - 2。

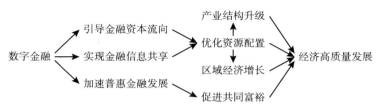

图 2 - 2　数字金融促进经济高质量发展的作用机理

3. 绿色金融模式

改革开放以来，中国经济在高速增长的同时，生存环境严重恶化给公众带来了严重的担忧，同时经济发展面临产能过剩、资源消耗过大等挑战，绿色低碳转型迫在眉睫。经济快速发展带来的一系列环境问题及随之而来的经济转型压力，使得绿色金融产生了。

绿色金融处于不断发展阶段，国内关于绿色金融的概念，还尚未达成共识。不同学者和部门提出了一些观点。中国人民银行在 2016 年通过了关于绿色金融的文件——《关于绿色金融的指导意见》指出：绿色金融指"为实现改善环境污染问题、及时关注气候变化和高效利用现有资源的目的，从而开展的一系列绿色经济活动，包括在环保、节能减排、绿色能源、交通等领域的项目活动和风险活动等所提供的金融服务"。同年，在 G20 杭州峰会上，成员首次提出了更加广泛完善的绿色金融概念。它们提出绿色金融就是能帮助环境改善相关问题以进行可持续发展并将资金引至绿色领域的金融系统，产生的作用包括减少环境污染、减少有害气体排放、提高资源利用效率、减缓气候变化等。

邵光学（2019）将绿色金融归于 3 种视角看待，包括基于绿色经济发展的视角、基于政府与市场的视角和基于金融的视角。王遥和潘冬阳等（2016）认为的绿色金融与 G20 会议上的相似，重点将资金注入到环保、节能、绿色能源等项目中。王建发（2020）总结前人文献研究，对绿色金融进行了自我理解上的划分，分为碳金融、环境、可持续和生态 4 个阶段。

从这些观点可以看出，绿色金融的定义在一定程度上是对于环境问题的描述和解决，和金融模式进行结合，形成如图 2 – 3 所示大致的绿色金融体系，服务于当下经济环境。

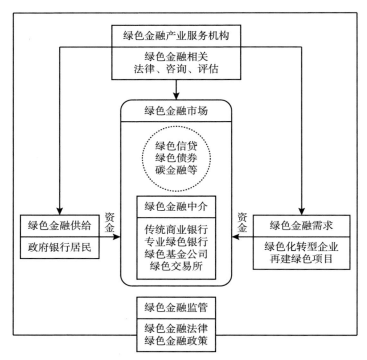

图 2 – 3　绿色金融体系

资料来源：王建发，2020.

绿色金融是一种推动企业绿色发展的工具，有效使用绿色金融工具能解决企业融资的问题，帮助企业实现绿色发展（见表 2 – 2）。

表 2-2　　　　　　　　　　　　　绿色金融工具

产品	介绍	发展阶段	发展现状
绿色信贷	在公众监督的基础上，银行通过发放信贷资金对绿色经济发展活动进行大力支持，通过一系列限制手段，避免信贷资金误投，引导资金流向绿色产业	2007 年我国推出了绿色信贷；2012 年，明确绿色信贷三大支柱；2014 年，鼓励国内主要银行和机构每年开展自我评价	起步时间最早、发展速度最快，政策体系最为成熟；规模不断增长
绿色债券	将得到的资金使用于符合规则的与绿色相关的项目活动，或者作为债券工具提供后续融资	2014 年绿色债券国内发行；2015 年绿色债券海外发行	绿色债券政策标准不断完善
绿色保险	在当下经济环境下，通过签订保险的方式，进行环境方面的风险管理	2007 年，通过《环境污染责任保险》；2015 年，《环境保护法》提出责任保险；2017 年，要求在全国范围内试行生态环境损害赔偿制度	绿色保险发展取得积极成效，地区投保率存在差异；目前，已有几十款气候指数保险产品
绿色基金	作为一项专门投资类基金，针对节能减排战略，进行基金管理，帮助低碳经济发展	2010 年推广绿色基金；2015 年设立绿色基金相关制度；2016 年新发展模式产生，提倡市场化	2020 年末，我国共有超过 850 只绿色基金备案，发展势头较快
碳金融	在生态环境相关理论的基础上，资产化污染物，限制温室气体排放，完成绿色金融的市场化探索，称为碳金融	2015 年，落实 INDC，低碳转型；2016 年成立全国碳交易市场和 7 个试点；2016 年完成试点工作	碳市值指数平稳，低碳文明建设逐步取得成效

　　大部分学者在研究绿色金融时，都从绿色金融产生时的经济环境背景入手。安同信和侯效敏等（2017）则认为，发展绿色不仅是中国实现可持续发展的必然选择，也是和其他国家共同履行保护气候的责任的必然要求。绿色金融是对传统金融业务的一个挑战，在原有基础上进行深化和拓展，是 21 世纪金融创新的战略新方向，也是一个

重要趋势。张平淡（2018）从人民日益增长的优美生态环境需要还无法满足出发，得出结论为了实现"建设美丽中国"，要推进绿色发展，大力发展绿色金融。邵光学（2019）也提到了随着经济发展进入新常态，人口、资源、环境约束日益加大，大力促进绿色发展刻不容缓，经济绿色发展离不开绿色金融。王建发（2020）也得出了结论：之前采用的粗放式经济发展模式存在极大问题，在该模式下大量环境资源遭到破坏，发展至今已经难以维系后续相关活动，改变经济发展方式才是唯一有效出路，进行新模式——绿色金融的发展。何茜（2021）从更好地服务实体经济角度出发，认为绿色金融也是进行环境管理的另一个手段。

金融创新包括金融领域的一切创新，在开展活动时能为金融业注入大量新鲜活力，促进金融机制更加多元化。金融模式的创新内生于经济环境的变化，从而服务于实体经济。但在金融创新的过程中，还是要注重金融与实体经济的匹配程度，模式不是一成不变的，需要适当的改变，使金融对经济增长的作用机制有效。在国家政策和经济环境的共同作用下，打造优秀的金融生态系统。

2.3　最优金融结构理论

2.3.1　金融结构概念的提出及界定

1. 金融结构的提出

最早研究金融发展相关问题的理论是宏观金融结构理论，它是公认的最具有影响力的理论之一，它与实体经济发展的关系也是学术界长时间以来研究的重点之一。该理论是由美国经济学家雷蒙德·W.戈德史密斯在1969年首先提出。他认为一个国家的金融结构是由该国现存的金融工具和金融机构所构成，可以通过与金融相关的一系列指标与比率来衡量金融发展。在此背景之下，他首先采用了定性分析理论与定量分析原理相结合、历史纵向比较方法和国际横向趋势比较分析方法相结合的统计方式，对 35 个有代表性的国家进行了综合的统计评价分析，认为世界上不同时期国家金融市场的结构并不是墨守成规的，而是可以随着时间而随时变化的。

随着我国金融工具的创新和金融机构资源日趋成熟与丰富，最优金融结构问题也越来越受到国内外学术界的关注。我国最早研究金融结构发展的是白钦先教授，他在《比较银行学》中提出：一国的金融结构演变实际上是一个金融倾斜及其逆转的过程。其他的学者也提出了自己看法。王广谦认为，金融结构一般是指总体（或总量）里构成金融的各个组成部分构成的资金规模、经营组成和内部合作组织状态，是由一系列在金融发展过程中出现的内部运行机制决定出来的、自然产生的、客观呈现的运行结果或反映金融整体发展状况的现实，在构成整体金融总量或总体发展的同时，金融结构也相应发生变化。林毅夫也表明过：金融结构可以从不同的角度去进行研究，从考察金融市场与金融中介的比例着手。

2. 金融结构的界定

在世界经济持续发展的不同阶段过程中，实体经济对金融服务的需求存在系统性差异。在经济发展的各个阶段，都与之存在着与最优产业结构相匹配的最优金融结构。整理近期相关文献，确实可以看出对于金融结构可以有不同的界定划分。就现在而言，金融结构中银行占据主导地位还是市场占据主导地位就是一个界定划分的热点之处。

不同的产业结构对应着不同的最优金融结构。在低风险的投资行业成熟基础上，银行会有更多的竞争优势。此时，银行主导的金融结构无疑可以进一步加速促进发展中国家的经济增长，而金融市场则是分散风险、为企业创新提供有效的资本支持途径。当一国经济发展到一定阶段的时候，最优金融结构应该满足金融结构和实体经济结构之前的相互匹配，促进资源要素禀赋结构，进而实现经济的高质量快速发展。

不管是银行占据主导地位还是市场占据主导地位的金融结构都对我国的实体经济发展具有一定的影响作用。

2.3.2　金融结构对实体经济发展的影响

一直以来，关于"金融结构和实体经济高质量发展有何关系"这一研究议题产生的诸多争议，都未达到较为一致的结论，所以在探讨金融结构和经济发展有关的文献中，首要提到的也就是金融结构与经济发展的关系。其中金融结构是否可以由单一的银行与货币市场占据主导地位也是研究与经济发展的着重点。由于银行和金融市场可以提供的服务具有比较优势，到底何种金融结构能够更有效地促进经济发展尚未达成共识。在过去的 30 年里，与银行主导的金融结构相比，整个金融结构无论从规模、行为还是效率指标上都开始向市场化方向演进。但是两者对于实体经济高质量的发展影响还需进行理论性的剖析。

对银行主导或者市场主导的金融结构的研究主要集中在德国、日本、英国和美国等国家。

1. 银行主导的金融结构对实体经济发展的影响

银行主导的金融结构主要以德国和日本为主要代表。银行主导金融结构理论的倡导者认为，银行等金融中介机构在信息搜索和处理方面具有一定的优势，更有利于一国的资源配置和经济发展。它强调了银行在资源利用、项目确定、风险管理和管理方面的积极意义。由于银行主导的间接融资降低了信息不对称程度，提高并加大了风险监管和力度，降低了行业风险事故发生的总概率，有利于传统弱势行业和地方经济社会的发展。在我国经过长期的改革开放后，银行主导的金融结构对我国实体经济的发展起到了一定的积极影响。

像银行这种以金融中介为主导的金融结构对经济的发展是比较复杂的。赛托里利和加比拉（Cetorelli & Gambera，2001）通过对大量跨国和跨行业数据的分析，发现银行集中度对整个国家的未来经济增长率有负面影响。阿尔塔格、苏姆鲁和尤斯曼穆拉特（Altug，Sumru & Usman，Murat，2004）认为银行处于竞争位置的原因可能是由于市场信息中的信息溢出效应和搭了便车行为的普遍存在而不能对投资项目作有效的挑选，从而把一国的资本配置效率水平降低了，由此来看银行业的结构对经济的发展的有利性也是不确定的。与大银行相比，中小银行更容易适应和满足中小企业的融资需求，其重要的原因之一就是资金相对较少，中小银行无法为大企业提供服务，但是更重要的部分原因是银行规模与其服务企业规模之间的匹配关系，大银行主要向大企业提供贷款，小银行主要向小企业提供贷款。由此可见，银行主导的金融结构有利亦有弊，其虽然在储蓄转化投资与银企合作方面具有较大优势，但是在现在国家结构转型、创新发展的背景条件下，显然这种方式是不能完全满足实体经济高质量发展的要求。

2. 市场主导的金融结构对实体经济发展的影响

以金融市场主导型的金融结构主要是以美国和英国为代表，赫尔显（Hellwing，1991）、拉詹等（Rajan et al.，1992）认为，金融市场主导型金融结构更有利于经济的发展。以市场为主导的是直接融资方式，可以提高资金的运行效率和激发资本市场的活力，对我国高科技和高技术创新的企业经济具有一定的好处。当实体经济处于产业结构升级和技术创新的阶段时，对资金需求周期长，其风险也较大，以市场为主导的金融结构则会发挥风险分散和转移的作用。此外，韦恩斯坦和亚菲（Weinstein & Yafeh，1998）也认为，银行是具有天生的谨慎倾向性的，以银行主导的金融结构不利于一国企业的增长与其创新，而市场主导的金融结构可以提供更为丰富灵活的风险管理工具。

但是反观 2021 年被规模巨大的"次贷危机"所笼罩的美国，市场占据主导地位的金融结构对风险的识别并没有很明显地发挥很好的作用。也许是因为金融市场中"信息不对称"和"搭便车"问题的存在，公众缺乏去深入了解公司和投资项目的风险动力，才会导致这些问题的产生。

3. 不同方式主导的金融结构差异分析

银行主导和市场主导的金融体系都保持着较高的效率和较强的稳健性，并没有所谓的谁比谁强，谁取代了谁。从融资形式上看，直接融资包括股权融资和债券融资；间接融资主要指向银行贷款，即融资行为通过金融中介来实现。所以在区分银行主导型和市场主导型的金融体系时，可通过观察金融融资的形式来加以辨别。当产业的产品和技术较为成熟的时候，风险相对较低，资金的回报也比较稳健，所以银行就是更加有效的融资渠道；而在技术前沿的产业中，研发和创新是企业发展的关键，当市场风险和技术风险较高时，市场主导的金融结构可以提供更有利的支持。以艾伦和盖尔为代表，他们就一开始试图通过比较金融体系来探讨不同金融结构在不同金融功能实现中的有效性差异，从而来推动金融结构演进的力量，与此同时强调了金融体系的多样性和复杂性，最后认为银行与市场是互补的，而不是所谓的替代关系。

2.3.3 最优金融结构的度量与实现

1. 最优金融结构的度量

实体经济其实是一个较为复杂的系统，最重要的部分也就是经济体的技术水平问题。技术水平与财务结构也有一定的关系，但是要确定一个经济体的最优金融结构，首先就是要有一个最优金融结构的衡量标准和判断方法。林毅夫等（2009）研究认为，最优的金融结构是指金融体系中各种金融制度安排的比例构成及其相互关系需求与行业特征相互匹配，技术结构和企业内生由经济要素禀赋结构决定。对于最优金融结构的度量，昆特等（Demirguc - Kunt et al. , 2011）的研究是最有影响力的。他们通过使用 OECD 国家的数据，首先回归金融结构与人均 GDP 的比率，人口规模和密度，以及自然资源，然后估计期望的最优金融结构。此外，叶德珠和曾繁清（2019）利用跨国面板等数据构建了金融结构与技术水平的匹配度指标，发现两者的匹配度越高，对经济发展的促进作用也就越大。李健（2009）也强调要从要素、功能和效率 3 个方面来衡量财务结构。

其实综合比较来看，最优金融结构也是由要素禀赋结构下相对固有产生的，应能够与中国最优金融产业结构相匹配。

那么什么才算是最优的金融结构呢？针对这一问题，叶德珠等（2020）也曾表明：

①在区域金融结构优化调整过程中，最优金融结构并不具有普遍性。一个地区的结构往往是由当地独特的经济和社会制度等多种因素造成的。

②对于不同金融体系结构的支持，不应单纯地采取所谓"一刀切"的方式去实施效仿其他国家的经济金融政策发展模式，而应尽量遵循"适合的是最好的"这一简单原则。

③在经济发展过程中，每个时间节点都会出现不同技术水平和产业结构，它们会随着时间的变化而变化，从而最优金融结构也会随之变化。

一个国家的金融体系，不能简单地说哪个占据主导地位的金融结构是更好还是更糟。即使是最优金融结构也不是一成不变的，而是取决于国家的资源配置、管理和能力，从而来确定每个国家最优和动态金融结构在一定的发展阶段是什么样的。

2. 最优金融结构的实现

改革开放以来，我国社会整体经济总量都保持着以每年增幅 9% 左右的持续强劲增长，这一现象也被我们称为"中国奇迹"。而最优金融结构就是我国实现实体经济高质量发展的关键点之一。中国加入WTO 后，经济迅速发展，同时随着实体经济资本积累的加速和国内企业自身能力的不断提升，要素禀赋结构和产业结构也在不断优化。

金融结构的合理形成是市场竞争和历史演变的结果，金融结构优化可以调节经济增长和社会资源优化。对此，针对最优金融结构到底如何去实现，李国平等（2018）作出过相应的回答：

①政府积极疏通国家金融体系范围内外的各种正常的社会资金自由流通，实现国家资源的有序合理优化配置，从而缩小金融结构的差距。要尽快实现传统金融结构模式与实体经济禀赋结构的最优匹配，必须做到消除金融市场资本、金融中介资本和实体资本之间存在的结构性障碍资源。处理好政府与市场的关系，打破资源垄断现象，降低资源配置要素的障碍。充分有效地发挥市场在资源配置中的积极性作用，促进有效资源在实体经济中、银行与市场体系之间自由合理高效的流动。

②结合中国的实际情况来实施金融改革，寻找最优的金融结构。在借鉴其他国家相关金融体系构建的同时，我们应该关注中国为实体经济提供金融服务的性质，正确识别哪些可以被视为中国最优的金融结构，然后实施逐步优化的金融结构。

金融结构往往与一国经济发展阶段实体经济的形态、金融消费习惯、金融深化的程度都有一定的关联性，所以放眼全球范围内可能并没有标准的最优金融结构，只有适应自己国家国情、政策的金融结构才是最优的。与此同时，最优金融结构会随着经济发展推进而变化，在发展中国家和发达国家之间也各不相同，在实体经济中也会有多种因素影响最优金融结构理论的实施。

2.4 "需求侧—供给侧—双循环"理论

2.4.1 提出背景

在 2018 年达沃斯世界经济论坛上，中央财经领导小组办公室主任刘鹤指出，中国未来几年经济政策的顶层设计将围绕"一个总要求""一条主线""三大攻坚战"来进行。为实现我国经济发展迈入新台阶，宏观经济要以深入扩大国内市场规模，及时调整经济结构和优化市场制度，重视企业创新创业发展，为企业的生存发展创造良好条件，以不断发展科学技术增强核心竞争力为目的。具体对这三点进行谈论，"一个总要求"是指中国经济已经从快速发展向高质量发展转变，中国宏观经济、供给侧改革等政策都将以这个目标为中心。在亚洲经济危机的背景下，我国在 1997 年后开始实施"扩大内需"的策略，以扩大内需促进经济发展。中国的内需持续稳定地扩张，人民生活水平逐步提高，开始从高水平到高质量发展转变。在该转变下，我国经济发展重心从总量扩张转向结构优化，"供给侧改革"应势提出。"一条主线"就是以此为主，结合中国的实际情况，通过适当调整内部供求关系的偏差，使供给与需求相适应，以达到高质量发展的目的。随着需求侧和供给侧的推进，我国的经济发展已初见成效，并进入新的发展阶段。与此同时，观之当下的国际形势，中美贸易摩擦的出现、霸权主义日益抬头、逆全球化迅速蔓延、新冠肺炎疫情暴发等，在国际形势复杂多变的新环境下，我国提出了"构建国内国际双循环相互促进的新发展格局"。"双循环"是在以上两种战略的基础上，对我国经济政策顶层设计的进一步发展。

2.4.2 需求侧—供给侧—双循环的发展历程

1. 需求侧发展阶段

2005 年 10 月，我国政府指出，要进一步正确分析处理外需与内需的关系。2007 年，中国共产党十七大报告指出：要继续扩大国内内需，尤其是消费，要把经济发展从主要依靠投资和出口拉动转向依靠消费、投资和出口协调拉动。此后，"进一步扩大内需，拉动经济增长"多次在重要会议上被重申强调。在当今中国，投资、消费和出口"三驾马车"是需求侧管理的重点，具体体现在政府要通过适度扩大出口、扩大投资、刺激出口消费等方面来扩大需求，以财政政策和货币政策相组合的方式，从而全面拉动中国经济增长。其特点在于以经济运行的结果为基础，使宏观调控进行短期的动态逆周期运行调节，从而完善市场经济。

1978 年改革开放后，我国逐步开放扩大市场。1988 年，我国利用劳动力等优势，以"国际循环"为主导战略，逐步融入国际贸易。1997 年亚洲金融危机爆发，在其影响下我国对外贸易进出口额开始减少，经济增长速度开始放慢。为应对此次危机，中共中央开始将"扩大内需"作为启动新一轮经济增长的重点政策。2008 年后，全球金融危机再次发生，为有效地减缓我国外贸所遭受的巨大冲击，扩大内需再次被作为重点政策强调提及。但随着近几年我国经济发展进入新常态，国家政策开始要求转变经济增长方式，推动经济结构性调整。2015 年 11 月，习近平总书记在第十一次中央财经领导小组会议的讲话中，着重强调了"在适度扩大总需求的同时，着力加强供给侧结构改革"，中国的经济发展逐渐走上了"供给侧结构性改革"这条主线，而"扩大内需"已不再是主要内容。直到 2018 年 4 月，中共中央政治局集体讨论，提出要坚持以加快结构调整和持续扩大内需相结合的方式，坚持以科学的方式引导投资，确保宏观经济的稳定发展。在贸易保护主义、逆全球化思潮、新冠肺炎疫情等因素日趋增多的背景下，"扩大内需"的重要性被再次凸显，国内市场良好态势推动我国经济向内需求转变靠拢，我国开始主动调整发展格局。2020 年 12 月，在中央政治局会议上，特别提到了"要抓住供给侧结构改革，同时重点关注需求侧改革"，这是"需求侧改革"继"供给侧改革"提出后首次被谈及。"需求侧改革"的提出，有助于推进中国经济变革，为促进中国经济的高质量发展，建设和深化"双循环"新模式。

2. 供给侧发展阶段

习近平总书记于 2015 年 11 月在中央财经领导小组第十一次会议上首次提出了"供给侧改革"，同年中央经济工作会议强调了"深化供给侧结构性改革，是适应和引领经济发展新常态的重大创新，是适应国际金融危机发生后综合国力竞争新形势的主动选择，是适应我国经济发展新常态的必然要求"。关于供给侧结构性改革各界认识不一，部分学者认为，供给侧改革的目的是通过集中清理"僵尸企业"，消除落后过剩产能，瞄准新兴创业领域的发展方向，推动新的经济增长点的产生和发展。也有部分学者认为，2015 年中央经济工作会议提出的重要内容"三去一降一补"就是供给侧结构性改革。贾康（2018）认为，供给侧结构性改革需要强调把需求侧"三驾马车"认识框架内的结构性特征传递、转移到供给侧，并把供给侧要素的结构问题及机制放在不完全竞争假设条件之下，形成对经济发展动力体系的完整认知。

林毅夫（2016）则指出，中国实行供给侧改革，关键是要通过调整税率、降低产品关税、淘汰低端落后产能。简言之，供给侧改革的主要内容是提供和有效使用生产要素，主要集中在经济结构的转型升级，通过有效的税收减免、鼓励创新、适度的政府干预等来促使企业的活力充分释放，刺激经济增长，激发产能创造，推动中国产业转型能力建设和附加值提升，推动技术升级、区域空间合作和产业政策协调。目前，国内对供给侧改革理论依据的研究主要集中在经济增长理论、制度经济学理论、马克思主义政治经济学理论等方面，通过相关探索总结为中国供给侧改革的推进寻求有益借鉴和经验。推行供给侧结构性改革是站在分析我国实际国情的基础上，为进一步解决我国当下经济发展过程中长期性结构不合理问题，来实现经济长期平衡发展、企业长期活力发展、资源要素实现最优配置，并不是对美国"供给管理"历史经验的照搬照抄。

"供给侧改革"是一个新词，但是"供给"本身并不令人陌生。

20世纪70年代"供给学派"出现于美国，主张对个人和企业减税，扩大生产，取消国家对经济的过多干预，刺激创业，实行货币管理。2008年全球金融危机后，学术界开始关注"供给管理"的监管、供给结构改革和"新供给经济学"的理论创新。"十二五"后，我国的经济增长速度出现了明显的下滑，供给结构与市场需求脱节，众多行业出现大量过剩产能，结合城镇化发展、人口老龄化等现实问题，为解决上述问题，"供给侧结构性改革"于2015年应运而生。供给侧结构改革是改变我国经济发展方式、促进和引导新常态、提高全要素生产率的重要举措和重大创新，有助于提升经济增长水平。国内部分学者将供给侧改革的政策归纳为"要素"和"生产"两大类。与需求侧短期缓解矛盾相反，供给侧主要从源头入手以实现问题长期解决，通过土地、劳动力、技术创新等改革，发挥要素端的优势，促使生产要素合理配置、劳动力有效配置，推动科技创新释放企业自主创造能力。与此同时，国家通过出台颁布各类政策，对产业与企业进行规范化，为其发展营造公平自由、依法合规的经济环境和社会环境，特别对我国制造业发展给予高度重视，不断促进其转型升级，提高创新创业水平，积极应用智能制造，从而增强自身的核心竞争力。

3. 双循环发展阶段

2020年4月10日，习近平总书记在中央财经委员会第七次会议上强调，要构建"以国内大循环为主体、国内国际双循环相互促进"的新发展格局。5月中旬，中共中央政治局常务委员会会议首次提出"深化供给侧结构性改革，充分发挥我国超大规模市场优势和内需潜力，构建国内国际双循环相互促进的新发展格局"。"国内循环"是指在一个主权国家内进行和实现全部生产过程的经济体系，而"国际循环"是指在国外其他国家提供一系列条件下，由本国进行并最终实现生产过程的经济体系。"国内国际双循环"是以国内循环为主体，形成国内循环和国际循环之间的有效衔接，实现国内商品出口、国外产品进口和延伸产业价值链。"双循环"作为中国经济发展的一项重大战略，学者对其研究更多的是对"双循环"的发展现状、现存问题、未来建议等进行探究。从"双循环"的内部逻辑观之，可划分为现实与理论两大类。郭晴指出，"双循环"的现实逻辑体现在：对国际循环的过分依赖，消费和投资的出口不平衡，区域经济发展不平衡和产业链的低端锁定。众多学者通过梳理总结，认为"双循环"的理论逻辑可以从马克思主义政治经济学、大国经济理论、经济增长理论和国际贸易理论等几个方面来研究。马克思主义政治经济学被认为是基础核心，其余理论则起到辅助作用，共同刻画了"双循环"的整体框架。

"双循环"虽然是一个新概念，但并不是一次性直接产生的，而是根据国内形势变化的新需要和适应国际形势变化的需要，作出的新的国家战略选择。在改革开放时期，我国采取扩大对外贸易开放政策，吸引外商投资，以解决经济发展缓慢、内需不足等问题，实现国内外资源、市场同时抓牢，国际循环模式的雏形确立并得到了进一步发展。2001 年，我国加入世界贸易组织后，与国际贸易接轨的道路进一步拓宽，投资和出口促进我国经济飞速发展，国际循环成为我国经济发展的主要力量。2008 年，全球金融危机爆发后，外需不再成为拉动我国经济的优势，加之我国人口老龄化、生态环境污染等问题的出现。2012 年之后，我国进入新常态的发展阶段，提出要扩大内需并驱动"三驾马车"来刺激我国经济发展，国际循环不再是战略主体，逐步被国内循环代替。而近年来，中美两国之间的贸易摩擦出现后，西方各国纷纷采取贸易保护主义以维护自己的优势，逆全球化愈演愈烈，加之新冠肺炎疫情暴发等复杂形势，经济发展转型迫在眉睫。构建"双循环"战略是新时代中国经济发展迅速突围的实质性举措，也是对经济发展战略的重大修正和自我的主动调整。

2.4.3 需求侧—供给侧—双循环三者的关系

1. 需求侧与供给侧相互依存、相互促进

党的十九届五中全会提出，"十四五"期间，国家的经济工作重点应放在深化供给侧结构性改革上，不能简单地把供给侧结构性改革看成是供给一侧的改革，还需要从总供给和总需求两个层面进行经济制度的变革。在保证总体需求平稳发展的前提下，要注意适度的经济增长和结构的优化，以解决目前存在的产能过剩问题，改善产品与服务的质量，明确改革的目的。在此后的几次重大会议上都提到了加强需求侧的管理，中央经济工作会议也明确地指出，要把扩大内需作为战略的根本。但这一阶段的需求侧管理不仅仅是单纯地驾驭"三驾马车"，而是为了达成2020年中央经济工作会议中强调的"形成需求牵引供给、供给创造需求的更高水平动态平衡"。两者不是对立、割裂的关系，需要有机结合全面看待，才能使我国经济发展不断向上发展，实现有效的宏观调控调整。

2. 需求侧改革有助于推动形成"双循环"的新发展格局

事实上，需求侧改革旨在提高有效需求，促进并适度扩大内需，纠正当前扭曲的需求结构，调整供给和需求，促进经济健康发展。2016年以来，面对当前错综复杂的国际经济环境，以需求侧管理为基础，构建"双循环"的新发展格局是我国的必然选择，关键在于要以改革的方式打通内需，正确认识消费在整个经济发展中的重要作用，解决消费结构混乱的现象，对失衡的市场规模起到制约作用，成为加快建设新发展格局战略基点的一大动力，助推"双循环"的形成。

3. 供给侧改革为构建"双循环"的新发展格局奠定基础

深化供给侧结构性改革，是步入经济发展新常态的一次重大制度创新，也是推动实体经济结构转型升级的重要动力。通过"三去一降一补"，化解了众多行业产能过剩的问题，切实减轻企业税费，加强我国核心技术的开发利用，以技术创新来适应市场的新需求，产业链水平快速提高。在"十三五"期间，我国重大领域科技与创新成果丰硕，让国内大循环变得更加完整协调、畅通密切。供给侧结构性改革取得的成效增强了我国竞争力和主动性，为参与国际合作培养新优势，促进更高水平的对外开放，同时初步形成了适用我国矛盾需求的内循环体系，进而为实现国内国际双循环新格局的顺利构建及发展打下了重要的基础。

4. 构建"双循环"的新发展格局需要需求侧和供给侧并驾齐驱

随着我国经济发展进入新常态，需求侧对我国经济增长的拉动效果下降，在"供需不平衡"的经济矛盾下，供给侧结构性改革被提出。为使得经济矛盾进一步得到缓解，我国政策开始共同指向供给和需求，注重有机融合扩大内需战略和供给侧结构性改革，以创新驱动、高质量供给引导和创造新的需求，促进"双循环"的新发展格局构建。新的发展模式仍然要求在需求和供给两个方面并进，只有在两者的共同作用下，才能实现经济结构的全方位、多角度调整，切实解决问题所在，同时发挥两者的优势以达到高质量的供需平衡，从而拉动我国经济高速发展。

2.5　环境规制理论

2.5.1　环境规制理论概述

所谓环境规制，是指以保护资源和资源节约为目的，政府对企业的资源利用和规划进行直接或间接的干预和控制行为。众多经济学家从不同角度对规制进行了界定，目前没有定论。

环境作为人类社会重要的资源，对经济的发展起着至关重要的作用。大多数学者认为环境规制对经济增长造成较大的影响。封福育（2013）认为，环境规制与经济增长之间存在多重均衡关系，环境规制在不同程度上影响着经济的发展。环境规制强度高，则影响也高；反之，则更低。李强和王琰（2019）认为，不同的环境规制模型与我国经济增长质量皆存在"U"形关系，直观地说，就是在短期内，环境规制会使得我国经济出现抑制状态，出现下滑的趋势；在长期来看，环境规制可以使得经济的发展更加高效，并且发展的质量更好。其他学者则从微观上研究环境规制与经济之间的关系。薛曜祖（2016）研究发现，环境规制可以拉大企业之间的利润率，劳动力等资源流向高利率企业，从而使得企业的产业结构得到转型环境规制在不同方面促进经济的高速发展，经济在高速发展的途中不断注入新鲜血液，金融创新得以实现，企业也不断随之优化改革，从而实现了企业的高质量发展。

在学术界看来，环境规制的发展是一个长期的过程。在最开始，环境规制仅仅只是在环境层面上的应用，在废水排放、生态环境等生态方面的应用。在时间的发展和环境规制的发展过程中，政府将环境规制逐渐地伸向了经济规制、企业结构等方面。在初级阶段，政府利用环境规制进行资源的合理分配，对各地资源的直接与间接利用。在后期阶段，环境规制的范围不断扩大，成员的主体也不断扩大，还包括了一些产业协会和一些企业等。根据经济的发展情况，学术界将环境规制理论进一步实际化，除了正式的环境规制手段外，还结合实际添加了非正式的环境机制。可见，环境规制理论的发展也离不开现实。近些年，政府利用不同的手段，直接或间接地影响着中国特色市场经济的发展。在行政手段、财政手段的不同运用下，中国的金融创新驱动能力在不断的增强，市场经济的发展更加的具有活力，朝着正规化与体制化的方向不断发展。从而进一步地改善着经济质量。而从产业结构不断优化的方面不难看出，中国的经济发展，由于政府在不同手段下的环境规制，经济的发展也朝着高质量、高效率腾飞。

2.5.2　环境规制理论的发展历程

1. 初级阶段——理论在生态环境上的应用

对于环境规制的发展，在我国早期就已经初现雏形。大禹治水解除了洪涝对国家耕作的限制；秦国《田律》的颁布，帮助秦国一统六国；20 世纪六七十年代的旱灾，导致国家内部矛盾不断。这些都在说明，提前对环境进行规制是有效解决阻碍国家经济发展问题的重要手段。70 年代，为了使我国形成行政手段、市场工具以及自愿工具的综合管理化局面，我国采取了多种行政措施来达到这一项目标。

最早的环境规制源自环境污染导致的负外部性。而将环境规制理论最早应用到经济方面的是外国学者瑟域克，其以灯塔为例，描述了"搭便车"的情形，开启了经济学家分析环境问题"外部性"之门。即环境规制理论的雏形。在此后，马歇尔与鲍莫尔等对此理论进行了对外的延伸与发展，逐渐形成有效的体系理论，并在除环境外的经济、文化等方面产生了深刻的影响。

2. 中期阶段——理论在企业环境上的应用

由于环境资源的价值经常被忽视，人们对资源频繁不断的开发，导致环境问题层出不穷，生态环境被破坏，环境资源被浪费，全球气候变暖，冰川融化，各种病毒疾病肆虐。改革开放以来，中国的经济发展取得了卓越的成就。然而，粗放型的经济发展模式给中国带来了环境污染等诸多问题。环境是人类发展，在经济活动、经济生产和消费等方面的必要条件。2009 年中国超越了美国，成为能源消耗上的第一大消费国。与此同时，带来的环境问题也是层出不穷，在 21 世纪前 10 年，以雾霾为主的环境问题开始肆虐我国，严重影响了我国经济的可持续发展和人民财产人身安全。在此情况下，中国将如何可持续地促进经济发展，如何在保护环境的基础下实现经济发展与环境资源可持续发展的共赢阶段，这成为政府和学术界的焦点。2015 年，中国政府提出了五大发展理念——创新、协调、开放、共赢、绿色。开始强调不仅要进行经济发展，而且要注重经济质量、经济效益的发展状况。在党中央的领导下，经济体制改革拉开了帷幕。将经济重心放在我国经济质量与经济效益的有效结合当中。习近平总书记提出"绿水青山就是金山银山"的发展理念，成为政府经济效益高质量发展的重点之一。经济质量与环境效益相辅相成，相互促进发展。

与此同时，环境规制的相关理论在我国也不断发展与完善。早期环境规制理论在经济层面的应用主要表现在对企业的问题分析上。

环境规制虽然前期产生了一定的费用，但是其在创新后期产生的利润足以抵销这些前期产生的成本。环境规制带来的不仅仅是成本的增加，相反，会对企业的发展带来一定的经济效益。若企业缺乏正规环境机制下的发展，会趋向于高污染、高能耗、低效率的发展状况；反之，企业的发展会出现合理资源配置规划、生产要素的最优化发展、社会最高福利水平等。对于进行环境规制的企业，其生产模式则对生产要素进行更加合理的分配，从而最大限度地优化企业生产的效率。

当然，环境规制也将对企业造成一些负面的影响，但若应用得当，对企业的发展将产生促进的作用。王爱兰（2008）认为，环境规制下企业的竞争力的体现取决于环境规制以及在政府环境规制下所作出的对应性策略。企业内部在对政府环境规划提出的战略性策略上，要尽量减少甚至避免政府环境规制政策给自身企业带来的负面影响，尽可能地实现环境绩效和经济绩效的共同发展。彭团囡（2012）认为，命令性规制政策下，可以将清洁生产和环境管理的标准作全面推行。把政策从原先的仅仅注重污染逐渐转型到对环境资源以及节能减排的综合治理上来。此方法见效快，可靠性高，但是同时其也有高成本、低效率等缺点。市场激励型规制可以很好地激励企业进行主动减排，积极进行技术革新，将节能减排等任务当作自身发展的必备条件和义务，将环境容量以及环境进化能力提高到安全临界点之内。

因此，我们可以发现环境规制可以督促企业本身进行技术层面的革新，帮助企业更好地发展提升企业竞争力。政府的环境规制水平和企业息息相关，政府环境规制的能力，直接决定了企业环境规制的成本。但是环境规制方面的不断研发和改进也会间接性地促进产业结构的调整。环境规制、研发投入与产业结构之间存在着一定的关系，其相互关联性也影响着企业的发展。

3. 后期阶段——理论在经济环境上的应用

环境规制理论逐渐地向更为宽泛的方面不断延伸发展，从集中于对企业的研究逐渐转向于对整体经济层面的研究。

环境规制能通过人力资本积累、产业结构升级等途径影响高质量发展。通过与人力资本溢价的动态匹配，环境规制能进一步推动产业结构升级和节能减排技术创新，助益高质量发展。在人力资本因素调节下，环境规制对高质量发展呈现出非线性的影响。充分激发环境规制的人力资本积累效应，从单纯注重人力资本"量"的扩张转向"质"的提升，实现区域协同治理，这对有效改善环境规制的高质量发展效应至关重要。

环境规制作为一种资源生态约束力，可以促进产业结构升级，进而推动经济的绿色可持续发展。郑飞鸿和李静（2021）研究得出，科技环境规制强度每提高1%，资源型城市产业转型升级指数相应会提高0.039%；不同强度区间的科技环境规制倒逼资源型城市产业转型升级的作用效果存在差异性。我国资源型城市应进一步加强环境规制科技创新，科学设计与制定考核目标，合理设置科技环境规制强度，大力发展具有绿色与创新特质的绿色产业和新兴产业。企业进行绿色转型，提高企业的业绩，实现企业绩效的高质量发展，是实现经济高质量发展的重要途径。

在当前的经济环境下，需要对市场化机制以及依法强化环境机制，进行深化改革，市场与政府相互配合、相辅相成，提升自身的竞争力，促进经济高质量发展。根据产业结构等级不同，采取的环境规制的手段也发生变化。在产业结构等级较低的地方，用直接控制命令的手段来进行环境规制并且改善经济发展环境的效果最好，然后是市场激励制度；在产业结构等级高的地方，披露信息、大众化，让全体参与的环境规制工具最好，然后为激励型规制，再然后是命令性规制。总的来说，高等级地区更加开放、公开化。

21世纪以来，改革开放使市场经济不断得以发展，中国环境规制理论的发展也逐渐地向更大的范围内延伸。环境规制理论在不同程度、不同方面影响着经济的发展。在这一过程中，不免也会出现一些问题。经济发展与环境污染两者是相互制约又相辅相成的存在。经济发展对国家、对企业来说固然重要，但不能为此忽视环境的污染。需制定相应的环境规制政策，引导企业协调好经济和环境保护之间的关系，在追求经济发展利润增长的同时完成对环境的治理。随着社会的进步，政府要与时俱进，制定出更符合当下的环境规制政策，不断完善环境规制政策。当然，市场的复杂性也有可能使得环境规制理论出现失灵的状况，这也说明理论的发展要联系实际，不能一概而论。

环境规制理论是现代经济发展的一个重要研究方向，如何实现在经济可持续发展的情况下将环境资源保护好，达成两者的和谐发展，这将成为未来研究的一个重要方面。环境规制理论的发展会逐渐完善，会形成一套系统化与理论化的系统模式。环境规制下，可以约束企业的无序性发展和资本的无规则性扩张，提高金融创新驱动能力，促进经济质量的提升。环境规制理论也会随着时代的发展不断进步，与经济发展更好的和谐共存。

第 3 章

长三角一体化背景下浙江金融
发展与实体经济的关系演化

3.1 浙江融入长三角一体化的进程

3.1.1 角色定位

长江三角洲一体化的概念可以追溯到 1982 年 12 月 22 日国务院
建立上海经济区和 2010 年国务院正式通过长江三角洲区域规划。
2016 年 5 月，为进一步提高长三角城市群的区域发展质量，我国提
出《长三角城市群发展规划》，2018 年，习近平总书记提出把长三角
一体化战略的重要程度上升到国家层面。2019 年 12 月 1 日《长江三
角洲地区一体化战略发展规划纲要》（以下简称《纲要》）发布，标
志着长三角一体化战略正式实施。战略实施以来长三角地区经济实现
强劲增长，地区高质量发展、区域一体化程度引领全国，成为全国重
点提升旗舰区。2021 年长三角地区国内生产总值 27.6 万亿元，在全
国中的比重达到 24.1%。企业研发经费投入（R&D 经费）在全国占
比达到 29.8%，进出口总额占比 36.1%，固定资产投资同比增速高
于全国 3.2 个百分点。

2021 年 6 月 10 日，经国务院批示，浙江担任起打造共同富裕示

范区的先锋角色。在民营经济、特色产业、生态和海洋四大核心优势的基础上,浙江将积极开发长三角的剩余资源,特别是人才和科技资源,不断优化营商环境,为长三角实现高质量一体化作出贡献。

3.1.2　作用发挥

在建立高质量社会主义共同富裕示范区的重大历史使命和促进长江三角洲一体化发展的国家战略条件下,浙江省要坚决执行创新发展的理念,坚持高质量发展,利用浙江省数字经济、民营经济、美丽经济的资源优势,健全、创新发展的体制机制,为建设共同富裕示范区提供更多内生和外在动力。按照全域统筹、战略协同、重点突破、合理推进的原则,全省域全方位融入一体化战略,以示范区为首要研究领域,以中心区引领一体化,多层次协同推进。

"十三五"期间,浙江先后提出打造"八大万亿产业"、数字经济"一号工程",同时浙江还在全国范围内率先推出"1 + N"工业互联网体系,通过"互联网 + "技术将杭州湾打造成世界级数字湾区,力求通过经济一体化提升全球竞争力,加快经济产业转型。长江三角洲一体化成为国家战略后,浙江主动提出了具体的发展行动计划,2019 年 6 月 21 日浙江公布了《推进长三角区域一体化行动方案》。浙江按照《纲要》发展指示,积极融入区域一体化,推动经济实现高质量发展,推出近 200 个重大项目,投资超过万亿元,做到省域发展"多核驱动",将自身打造为长三角"金南翼"、新发展格局的战略枢纽。

3.2　长三角一体化对浙江经济发展的影响

浙江省积极融入长三角一体化既是国家战略要求,也符合浙江省自身发展需求。长三角地区经济、科技实力领跑全国,上海拥有丰富的金融、科技资源，江苏省制造业发达、对外开放程度高，浙江省数字经济、民营经济发达，安徽省绿色生态建设成果丰富、人才众多，三省一市各有所长，浙江省融入长三角后可以吸收兄弟省市资源，加快共同富裕示范区建设。

3.2.1 长三角一体化建设需要浙江经济高质量发展

1. 协同创新产业

长三角地区创新资源分配不均衡，浙江相比江苏、上海，在研发经费投入、教育资源等方面均有不足（见图 3 – 1）。在研发经费投入方面，据国家《全国科研经费投入统计公报》计算，2019 年浙江研发经费投入占 GDP 比重为 2.6%，而上海达到了 4.0%；在教育资源方面，上海拥有 10 所 "211" "985" 高校，江苏拥有 11 所，安徽拥有 3 所，浙江仅有浙江大学 1 所，位居末位。同时虽然区域之间技术交易额增长较快，技术共享成果斐然，但区域内科创资源无法实现共认。

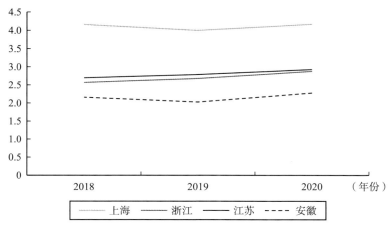

图 3 – 1　2018 ~ 2020 年长三角省市 R&D 经费投入占 GDP 比重

资料来源：来自 2018 年、2019 年、2020 年《全国科技经费投入公报》。

浙江省应加快发展联合创新产业体系，利用数字和互联网技术优势为关键技术联合攻关提供助力，积极开展长三角科学成果学术交流，共建科创共同体和长三角科技基础设施重点集群，加快长三角国家科技成果转化和科创资源共享，推动杭州城西科创大走廊发展。浙江民营经济发达，应推动科技创新与民营经济尤其是制造业和新兴产业相结合，充分发挥区位优势打造世界级战略集群，便利浙江企业"走出去"，外来企业"引进来"。同时由于长三角地区港口众多，进出口贸易便捷，浙江可以利用自己的电商优势和上海国际金融贸易中心的地位，通过与上海期货交易所签订的战略协作协议，在维持进出口贸易量的同时吸引境外投资，助力省内企业解决融资困难问题。

2. 生态环保共治

2005 年，习近平同志在浙江安吉提出了"两山"理论，理论提出以来全国各地努力开展环境保护行动，浙江作为"两山"理论的发源地更要抓紧生态环境保护。长三角域内水网密布，"三省一市"需要联合行动，进行上下游协同、左右岸共治。以太湖为例，太湖由浙江与江苏共同管辖，为治理太湖蓝藻，江苏无锡与浙江湖州共同建设了太湖蓝藻防控协作机制，实现了蓝藻无大面积暴发的良好生态效应，是区域一体化生态治理的良好范本。同时还按照"谁产生、谁付费、谁管理、谁受益"的原则，在太湖周边建立了环太湖城乡有机废弃物管理与利用示范区，形成了环太湖有机废弃物管理与利用的联合合作机制，为全面保护长三角地区的生态环境作出贡献。

浙江应加快建设长三角生态绿色综合开发示范区，推进长三角大花园建设。利用浙江是"两山"理论发源地的优势，释放"绿水青山"的发展动力，打造生态文化旅游走廊，推动绿色低碳转型，深化绿色产品价值认识机制，为"绿水青山"向"金山银山"转变铺平道路。依托自身数字技术、互联网大数据优势，建立省级固体废物监管信息系统，并与国家信息系统和长三角省级固体废物通信信息系统整合，实现省内危险废物的电子化转移，严厉打击了省内危险废物的非法转移。浙江还致力于推动长三角生态环境领域地方立法协作，为长三角一体化高质量发展提供有力的环境保护机制，力争到 2025 年实现区域内环境保护标准基本统一。

3. 基础设施互通

基础设施是区域经济一体化的先决条件。国务院公布的纲要明确提出了长三角地区一体化的目标之一是实现基础设施互联互通，包括进一步实现省际公路互联互通、建立世界级机场群、实现港口群互联合作、实现能源供应互助保障、实现信息设施联网、建成水网基础工程体系、实现江河堤防全面标准化。

据浙江省统计局统计，浙江省基础设施领域投资逐年增长（见图 3 - 2），2018 年长三角一体化战略提出后同年基础设施增长达 24.4%，2020 年重大基础设施投资增长率为 8.5%，总体呈增长趋势。交通方面，长三角城际公路、铁路建设与世界其他城市群相比较为落后。交通是支撑区域一体化发展的基础，国道 320、国道 228 等公路建设，杭黄城际铁路、宁滁城际铁路等高铁建设，苏州机场、南通机场等机场兴建或扩建，上海港、宁波港的扩建工程都为长三角地区对外高效联通、对内有机衔接注入了动力。其次长三角地区还加快

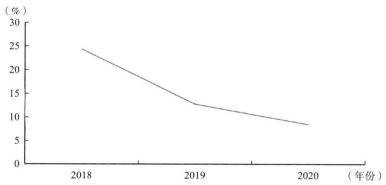

图 3 - 2　2018 ~ 2020 年浙江省重大基础设施投资额较上年增长率

资料来源：2021 年浙江省统计年鉴。

推进 5G 基站布局和"感存算"一体化，以"皖电东送"工程弥补长三角电力不足问题，完善滨海地区、长江沿岸、淮河沿岸、太湖沿岸的生态保护布局，以此推进信息基础设施、能源基础设施、绿色基础设施建设。

4. 城乡融合发展

长三角的城镇化已经从乡村要素向城市聚集转变成了城乡双向流动，城市通过对乡村的辐射带动乡村发展。2020 年中国宣布实现全面小康，脱贫任务转变成了乡村振兴。长三角想要实现高质量一体化，就必须进行乡村振兴，缩小城乡差距，加强长三角一体化发展对周边地区的辐射和带动作用，促进省际的协同发展。

浙江作为中国首个创建乡村振兴示范省的省部级单位，以"两山"理论为基础，建设美丽乡村、发展生态农业，实施"千万工程"，促进城乡基本公共服务公平，迎来了城乡一体化的新阶段。2021 年《中共中央 国务院关于支持浙江高质量发展建设共同富裕示范区的意见》出台，提出到 2025 年，浙江城乡基本公共服务、区域发展水平、居民收入和生活水平差距进一步缩小。为实现这一目标，浙江应进一步开展山海协作工程，由政府牵头与长三角其他城市达成合作协议，在全省山区县建立科技创新飞地和产业合作园区，促进长三角资源合理配置。实现城乡融合要因地制宜，分地区、分阶段探索本土化的融合策略，利用周边城市的人才、资金、技术等帮助乡村实现高效的资源配置，比如绍兴诸暨市利用香榧树帮助本地农村实现了农业致富，嘉兴作为上海的"后花园"，在为上海输出农产品的同时也吸引了大批上海游客。

5. 数字创新高地

数字经济正在逐步推动世界经济的发展，中国经济的高质量发展需要数字经济走在前列，需要科技创新的推动，因此积极发展数字经济、将长三角地区打造成全球数字经济创新中心，已经成为长三角一体化的重要组成部分。2020 年中国城市数字经济指数排名中前 10 名长三角地区占了 5 席，其中上海排名第一，杭州排名第五，无锡、南京、苏州分列 7、8、10 位（见表 3 - 1）。

表 3 - 1　　　　　　　　中国城市数字经济指数排名

排名	城市	总分
1	上海	91.6
2	深圳	91.2
3	北京	90.5
4	成都	90.1
5	杭州	90.0
6	广州	88.6
7	无锡	82.2
8	南京	80.6
9	重庆	79.5
10	苏州	78.8

资料来源：《城市数字化发展指数（2022）》。

2020 年，《浙江省数字经济促进条例》的出台在标志着我国数字经济立法迈出第一步的同时，也为浙江省数字经济实现高质量发展提供了法律保障。近年来浙江致力于实现产业数字化、数字产业化，加快打造世界级数字经济产业集群，根据浙江省统计局的数据，2021 年前三季度，浙江数字经济的主要产业增加值同比增长 19.3%（见表 3 - 2）。在浙江大学和阿里巴巴的科研支撑下，浙江以之江实验室为主要平台，加强了"双城"（杭州和宁波）和"双环"（工业和产业链）之间的联系，促进了"三区三中心"（数字产业发展引领区、产业数字化转型示范区和数字经济体制创新先行区，以及数字技术创新中心、新兴商业中心和新兴金融中心）的创建。浙江还在全国范围内首先建立了国家数字经济创新发展试验区，建成并启用了全国首个互联网电子商务中心。

表 3 - 2   **浙江省 2021 年前三季度数字经济核心产业增加值**

指标名称	数字经济核心产业增加值	
	1 - 本季累计值（亿元）	1 - 本季累计同比增长（%）
浙江省	6 306.07	19.3

6. 升级民营经济

中国正在构建新发展格局，长三角地区作为中国民营经济最活跃的地区之一，"三省一市"应在新发展理念指引下进一步深化合作机制，促进区域创新和活力，以民营经济为主导进行改革、创新和现代化。

浙江作为民营经济的发源地，2020 年民营经济创税达到了全省税收的 73.9%，民营企业在创造税收的同时还为社会提供了大量的就业岗位，民营经济成为促进公平分配的主要力量。民营经济具有高度的创新活力，浙江省支持民营企业科技自立自强，以科技创新为重点，推动转型和现代化建设，提高重点企业的综合竞争力，突出硬科技引领、数字赋能、新产业新业态培育，积极响应"双碳"目标。浙江省还提出了山海协作工程，鼓励民营经济与区域内经济薄弱地区结对，为地区提供资金、人才、技术支持，帮助经济薄弱地区打通营销渠道，加快实现共同富裕。此外民营经济还是企业融资的重要渠道，2019 年浙江省固定资产投资中民间投资同比增长 7.2%（见表 3 - 3），为解决中小企业融资难问题提供了保障。民营经济转型升级引领了长三角区域一体化高质量发展和浙江省共同富裕。

表 3 - 3   **2019 年浙江省固定资产投资年报**

指标名称	增长（%）
一、计划投资（万元）	
1. 计划总投资	16.5
其中：本年新开工项目	- 1.6

指标名称	增长（%）
2. 5 000 万元以上项目投资及房地产开发自开始建设累计完成投资	15
二、本年完成投资（万元）	10.1
其中：国有投资	17.2
非国有投资	6.8
民间投资	7.2

7. 扩大对外开放

近年来，逆全球化思想和贸易保护主义逐渐抬头，如何扩大对外开放成为困扰我国经济进一步发展的阻碍，长三角地区作为中国对外开放的最前沿，要利用自贸区、港口和政策倾斜等优势，将对外开放成果覆盖到经济腹地，通过扩大开放促进地区改革发展。

浙江在"八八战略"的指导下，主动接轨上海，接受上海外资、技术、管理方法等方面的辐射，发展外向型经济，提升国际竞争力。浙江在"一带一路"倡议的统领下，依托中欧班列、宁波港、萧山国际机场等交通基础设施构建全球物流网络，将大数据、信息化运用到物流管理中，大大提升了进出口贸易的便捷性。浙江还提出"最多跑一次"的口号，建成了国际交易"单一窗口"，全面实施准入前国民待遇和负面清单管理制度，在提升通关速度的同时提升了贸易监管便利性。除此之外，浙江还提出了推动大湾区建设和长三角一体化建设深度融合、探索上海浙江自贸区协作机制、促进长三角港口一体化，以及杭州湾周边城市与上海连接以建设 G60 科技走廊。

浙江坚持"八八战略"，在各领域全面实行数字化改革，并改善市场准入负面清单制度，加大对企业的资金扶持，鼓励民营企业创新以激发市场竞争活力，不断优化营商环境，促使大数据、人工智能等新技术与新商业环境相融合提升对外开放水平，以高质量开发促高质量发展。

8. 普惠共享公共服务

长三角一体化的高质量不仅体现在经济方面还体现在人民生活方面，《纲要》强调，长三角一体化要以人为本，为人民对美好生活的向往服务，为人民的切实所需服务，使一体化发展成果不仅为长三角地区人民谋福利，更要为其他地区实行一体化提供经验。公共服务实现普惠共享是经济一体化的基础，只有当公共服务为所有人的利益而共享时，各资源要素才能在长三角地区自由流通，并实现区域体制机制一体化。

浙江旨在通过手机 APP、小程序等方式，在长三角地区推广"一卡通"公共服务，深化长三角一体化程度。浙江联合其他省市开展市民卡的公交"一卡通"，上海、嘉兴以及杭州、绍兴实现了地铁卡互刷，后续还将推进长三角全城地铁、公交，甚至城际铁路的"一卡通"。浙江还建议在长三角地区推行以居民身份证为基础的公共文化服务"一卡通"，并争取实现博物馆、图书馆、旅游景点等公共文化旅游服务的共享。2021 年 9 月，长三角门诊直付系统将全面贯通，长三角居民可以用医保卡在长三角的任何一个地级市的指定医院实现门诊直接支付。长三角公共服务的普惠共享将进一步提高长三角一体化水平，提高地区居民认同感，实现地区高质量发展。

9. 共建统一大市场

2021 年 11 月 11 日，习近平主席在亚太经合组织工商领导人会议上指出，中国将继续坚定不移地平等对待各类市场主体，构建统一、完善、竞争的市场体系。

长三角想要促进统一市场的形成，要做到：①打破地域限制和市场封锁，实现经济的统一。通过顶层设计消除行政垄断，设立区域经济协调委员会，取消贸易保护机制。以浙江为例，浙江积极推动长三角自贸区联合建设，并与长江三角洲其他省市建立了一体化的石油和天然气贸易市场。②市场运行规范化，保证交易的公平安全。上海、浙江、江苏、安徽 4 地市场监管局共同签署《长三角地区市场监管领域法治建设一体化合作框架协议》，为推进构建统一规范的市场交易、监督体系提供了政策框架。③促进商品、资源要素自由流动。长三角市场监管局共同签订了《加强长三角地区平台经济数字化协同监管合作协议》，建成了全国首个跨区域信用信息共享平台，实现地区科技成果共享。④提供完善的基础设施。长三角在持续推进交通、公共服务一体化的同时，依托互联网建设了长三角市场主体基础数据平台，通过大数据技术，平台可以实时监控地区市场交易情况并对市场运行状况进行分析。

3.2.2　长三角一体化对浙江金融发展提出新的需求

推动长三角高质量一体化离不开金融业的支持，金融业是指经营金融商品的特殊行业，包括银行业、证券业、保险业、信托业和租赁业。金融是现代经济体系建设中的重要因素，金融交易的频率反映了一个地区的繁荣程度。由于当前长三角区域经济发展不平衡导致长三角金融资源配置效率不高，不良资产、互联网金融等风险依旧困扰着地区发展。

长三角一体化提出以来，地区社会融资规模持续增长，据中国人民银行统计，2020 年浙江社会融资规模增量达到 32 155 亿元，在长三角地区内位居第二，说明浙江金融业对实体经济提供了较大力度的支持。但根据图 3-3 所示，江苏、浙江的社会融资增量几乎是上海、安徽的 3 倍，长三角地区间金融对实体经济的支持力度存在较大差距，金融资源分布不均。

长三角实现金融一体化仍存在障碍，省市间行政区划不同导致的地理分割造成了省市间地方贸易壁垒、商业银行实行的条状垂直管理体制导致分行间沟通不畅，跨行合作和跨省、区资金流动存在困难、区域内金融实力和服务水平不一、区域金融信息共享平台建成仍需时日等问题致使长三角金融一体化进展较为缓慢。

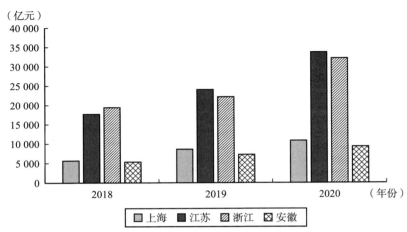

图 3 – 3　2018 ～ 2020 年长三角三省一市社会融资规模增量

资料来源：来自中国人民银行 2018 年、2019 年、2020 年统计数据。

目前，浙江省金融以新发展理念为指导，坚持金融创新为实体经济服务、金融创新为人民服务。通过科技金融、绿色金融、数字金融、普惠金融等方式创新金融产品和服务，为企业提供更多的中长期融资，将金融创新与新发展理念联系起来，促进经济结构调整和转型。浙江金融创新瞄准 3 个目标：服务实体经济、防控金融风险和深化金融改革。金融部门严格遵守金融风险的底线思维，进一步探索系统性风险和区域性风险之间的联系，并加强地方预防和区域监控的风险防范能力。浙江根据自身民营经济发达、数字技术与金融服务结合紧密、企业融资需求大等特点，积极探索金融发展的新路径。

（1）健全多元化机构体系。根据国务院发布的《促进普惠金融发展规划（2016—2020 年）》，浙江省充分重视银行机构的作用，加快小额贷款公司进入信贷体系，并鼓励银行机构与其他金融机构的合作，支持互联网金融公司开展金融创新，组织保险公司为农业合作社等农村机构提供小额保险以降低风险，为小微企业和"三农"提供有针对性的便捷金融服务。

（2）完善金融监管体系。浙江金融监管多集中于省市两级，县以下地区的监管资源匮乏，存在多部门共管、职责不明确的情况。浙江省通过健全地方金融监管机制，明确各部门分工，通过"浙里办"实现部门联合，对互联网金融加强监管，对存在较大风险的网贷项目等开展排查，充分发挥政府监管职能。

（3）发展金融科技，创新金融服务。近年来，浙江省大力发展绿色金融、科技金融和数字金融，推动金融向新兴科技企业、绿色低碳企业倾斜，通过建设金融服务共享平台方便企业融资，浙江还提出建设全球数字金融中心，进一步推进金融开放。同时浙江省还鼓励金融机构运用云计算、人工智能、区块链等技术对金融服务流程、金融产品内容等进行创新，促进数字普惠金融的发展，解决小微企业的融资难题。

（4）促进金融基础设施的发展。金融基础设施是提高金融机构服务效率和质量的基础，通过建立金融信用信息体系和金融信息统计体系实现金融信息数字化，方便金融机构对融资对象进行信用评估、风险评估和实力评估，降低金融贷款风险，推动金融资源均衡分布。

（5）建立健全金融法律法规。浙江通过与其他省市合作开展顶层设计，出台公认的金融法律法规，对长三角地区金融服务进行共同监管。法规进一步明确各类金融机构的服务范围，对非银行机构、网贷平台等进行严格监管，保障金融消费者的权益。

（6）发挥政策引导和激励作用。浙江省于 2021 年 6 月 22 日发布了《浙江省金融业"十四五"规划》，规划指出，到 2025 年浙江省金融业增加值将达到 7 000 亿元，社会融资规模存量达到 30 万亿元，通过实行"凤凰行动"2.0，到 2025 年浙江省上市公司达到 1 000 家，上市公司累计募集金额达到 25 000 亿元。浙江还将共建长三角期现一体化油气交易平台，促进期货服务实体经济，帮助实体企业对冲价格波动，降低实体企业经营风险（见表 3 - 4）。

表 3 - 4 浙江省"十四五"期间金融业发展主要预期目标

序号	指标名称	2020 年	2025 年
1	金融业增加值（亿元）	5 591	7 000
2	社会融资规模存量（万亿元）	20.6	30
3	制造业中长期贷款余额（亿元）	4 664	12 000
4	普惠小微企业贷款占各项贷款比重（%）	16.5	不低于 20
5	企业信用贷款占企业贷款比重（%）	20	25
6	绿色贷款占各项贷款比重（%）	7	不低于 10
7	涉农贷款余额（万亿元）	4.7	7
8	境内外上市公司数（家）	659	1 000
9	境内外上市公司累计募集资金（亿元）	18 216	25 000
10	非金融企业发行债务融资工具规模（亿元）	4 383	6 400
11	保费收入（亿元）	2 868	4 600
12	保险深度（%）	4.4	5.0
13	政府性融资担保机构小微企业和"三农"担保业务余额（亿元）	678	1 500
14	省金融综合服务平台融资对接累计（亿元）	3 095	6 200
15	银行业不良贷款率（%）	0.98	1.50 左右

3.3 浙江金融发展与实体经济的关系演化

3.3.1 早期分离（1949~1978 年）

中华人民共和国成立之初，百业待兴、财政短缺，为了尽快恢复国民经济，浙江省政府采取了一系列措施。1949 年 5 月 10 日中国人民银行浙江省分行设立，随后在全省设立分支机构，稳定国民党统治下濒临崩溃的金融体系，发行人民币、收兑"金圆券"，实行金融管理，成功在 1952 年完成了社会主义改造，金融市场逐渐实现稳定统一。1953~1957 年"一五"计划时期浙江通过建立集中统一的国家银行体系，成为国民经济的"三大中心"之一。为支持国民经济建设浙江省内银行大力开展存款业务，扩大信贷资金来源，支持国营经济的发展壮大。根据《浙江金融史》计算，"一五"期间，全省银行的商业贷款增长 8.58 倍，从 1952 年的 5 958 万元增加到 1957 年的 57 098 万元。1952 年末，商业贷款由占总贷款额的 68% 上升到 1957 年末的 80.7%。1952 年，全省工业总值按 1951 年可比价格计算为 3.37 亿元，占国民收入总额的 15.20%；到 1957 年，工业的比重已上升到 23.2%，上升了 8 个百分点。5 年中银行的工业贷款由 1952 年末的 1 903 万元，上升到 1957 年的 5 334 万元，增长 1.8 倍。

但"一五"计划期间省内国营企业与集体企业的贷款出现了较大差距，当年全省国营工业企业只有 736 户，贷款余额为 1 044 万元；集体工业企业为 2 533 户，贷款余额仅有 238 万元。1955 年 6 月后，根据中国人民银行总行《国营工业生产企业短期放款暂行办法》，银行只结算企业生产过程中所需要的超过定额的临时资金和流通过程中的资金，而企业正常生产过程中所需要的资金则按定额由财政拨款。同时银行对私营企业贷款实行"以存定贷"的原则，即私营企业存多少钱，银行放多少贷，这大大限制了私营企业的发展。在私营银行、钱庄消失之后，私营工商业的资金来源，除了自有资本以外，主要来自国营企业支付给他们的加工订货款和经销款、代销款。这些措施在当时社会主义改造的背景下有力地维护了国营经济，推动了社会主义工商业改造，但却限制了浙江私营经济的发展，这也为后来浙江民营经济的崛起埋下了伏笔。

3.3.2　初步协调 （1979～2011 年）

1978 年 12 月，中共十一届三中全会决定"把工作重心转到现代化建设上来"，开始了中国经济体制的改革，随后浙江省迅速开展金融整顿。

　　1979 年人民银行浙江省分行要求全省各级银行对全民所有制工业企业和部分大集体工业企业实行"区别对待，择优扶持"的原则。凡是产品适销对路、质量好、消耗低、利润高、资金周转快的一类企业都被优先考虑获得信贷服务；凡是产品适销对路、经营管理不够好的划为二类企业，对这类企业的临时性资金周转困难，银行要适当帮助予以解决；凡是产品不适销对路、经营管理不好、资金周转缓慢的划为三类企业，银行停止供应资金。同年 8 月 6 日，《人民日报》发表了浙江开始向城市和街道集体经营的企业开放贷款的报道，浙江省走在了全国金融改革的前列。

　　20 世纪 80 年代初，浙江省农村推行了承包责任制，许多农村剩余劳动力从田间释放出来，城市企业蓬勃发展，刺激了商品经济的发展。商品经济发展需要资金融通，要求集资、贷款，有的甚至愿出高利求借。以纵向运行为特征的高度集中统一的计划信贷体制无法满足商品经济的需求，浙江省开发了票据承兑贴现业务，推动了工厂增产、商业扩销、银行资金周转。

　　1984 年 10 月 20 日党的十二届三中全会作出了经济体制改革的决定，我国全面开展经济体制改革，浙江省进一步推进金融改革创新工作。浙江省首先对人民银行和专业银行进行了分设，人民银行彻底变为行使中央银行职能的部门。为促进地方经济发展，人民银行推出了专项贷款，1983 年人民银行浙江分行发放贷款 4 211 万元，1997 年人民银行浙江分行发放贷款额达到了 123 923 万元（见表 3 – 5）。

表 3 – 5　　人民银行浙江分行 1983～1997 年专项贷款余额统计　　单位：万元

年份	地方经济开发贷款	老少边穷发展经济贷款（含县办工业）	沿海城市开发性贷款	购买外汇人民币贷款（含扩权外汇）	外商投资企业贷款	金银贷款	外汇抵押人民币贷款	其他专项贷款	合计
1983									
1984				4 211					4 211

续表

年份	地方经济开发贷款	老少边穷发展经济贷款（含县办工业）	沿海城市开发性贷款	购买外汇人民币贷款（含扩权外汇）	外商投资企业贷款	金银贷款	外汇抵押人民币贷款	其他专项贷款	合计
1985	6 843			7 775					14 618
1986	19 627	127		12 799					32 553
1987	12 792	568	17 066	13 463		371			44 260
1988	19 088	1 412	21 038	17 141		1 654	7 133		65 802
1989	21 014	2 269	22 327	15 590	100		7 491		68 792
1990	22 659	3 580	22 412	15 539	1 457		9 213		74 878
1991	74 303	5 076	23 321	15 266	2 757		2 054		72 777
1992	55 232	8 557		18 239	4 754	1 645	8 703	350	97 480
1993	71 353	10 969		31 346	15 415	1 635	12 353	1 400	144 471
1994	73 935	12 748		48 322	20 459	1 735	11 908	1 450	170 557
1995	41 149	12 335	28 750	48 259	20 058	1 730	12 181	1 100	155 562
1996	68 996	11 325		44 457	16 195	1 710	7 879	1 025	151 587
1997	31 504	7 277	27 541	32 482	14 505	1 710	7 879	1 025	123 923

资料来源：原人民银行浙江省分行计划处。

20 世纪 80 年代浙江省出现了非正式金融，即通过家庭成员、生意伙伴、标会、地下钱庄等途径获得融资。据统计，20 世纪 80 年代温州民间借贷占工商企业和个体户的 73.8%。1984 年浙江第一家私人钱庄——"方兴钱庄"开办，钱庄自定存款贷款利率：短期存款月息 10%，长期存款月息 12%；贷款月息 20%～25% 以上，存贷利差 1 分左右。据人民银行温州市分行调查组 1985 年 8 月的调查了解，该钱庄一年累计存款 990 笔、金额 652.7 万元，存款余额 89.2 万元；累计放款 1 031 笔、金额 456.9 万元，贷款余额 71.64 万元；月利差收入 6 000 元左右。此外温州还出现了具有金融投机诈骗性质的"抬会"，仅半年温州地区的"抬会"会款就达到了 4 亿元。1986 年

"抬会"出现倒会风波，在倒会后的一个月里，仅在乐清县，就有323名人质被劫持，100多人受伤，140多所房屋被毁，19人因集会而自杀，社会秩序受到严重破坏。

为解决金融市场资金需求和供应矛盾，1980年10月，温州市金乡镇农信社率先实行浮动利率改革。存款利息由国家基准年利率5.4%上浮为12%，贷款利息由国家基准年利率6%上浮为18%，当年年底，该社存款余额为21万元，次年年底存款余额上升到54万元。随后利率浮动业务逐渐从温州扩展到了全省，有效地组织资金，壮大了银行和信用社的资金实力，增强了金融对经济的渗透力，平抑了民间借贷利率，有力地促进了实体经济发展。

随着南方谈话和《关于建立社会主义经济体制若干问题的决定》的发表，浙江省金融进入了深化改革阶段。1996年，人民银行浙江省分行推动银企双方签订合作协议，当年全省有150家企业与银行签订了《银企合作协议》。同时，人民银行浙江省分行牵头组织了4笔银团贷款，并与商业银行共同把握投向、选好项目、落实资金。如在杭州市良秋立交桥、良山西路拓宽和体育场路延伸三个项目中，人民银行浙江省分行牵头，建设银行浙江分行、中国银行浙江分行、中信银行杭州分行组成银团共同贷款1.85亿元。人民银行浙江省分行还制定了《浙江省金融业加大对科技投入的若干意见》，引导各金融机构加大对科技企业的资金支持力度。1996年全省各金融机构新发放技术改造贷款36.45亿元，占当年长期贷款的比重为60.56%，比1995年提高了2.5个百分点。

进入21世纪，浙江省金融实现了快速增长，各指标在全国均名列前茅，2005年，习近平同志提出了"干在实处，走在前列"的思想，浙江省金融业发展"十一五"规划提出"加快实现金融大省向金融强省的转变"。"十一五"期间浙江金融创新的总体目标是"打造金融改革先行区、金融发展繁荣区、金融生态优质区和金融交易安全区，使浙江在业务发展、改革创新领先省、服务效率和运营质量等方面做到全国领先"。2010 年 2 月，金融业发展"十二五"规划提出了"三大课题和七个问题"。三大课题是：如何进行浙江金融业的战略评估，如何构建浙江金融业的核心竞争力框架，如何完善浙江金融业的发展框架；七个问题是：如何接轨上海国际金融中心、如何打造中小企业金融服务中心、如何规划建设金融集群、如何支持设立一批金融创新示范区、如何打造浙江金融品牌、如何规范民间融资、如何鼓励企业多元融资。

　　浙江省金融在"十一五"和"十二五"规划下发展迅速，浙江逐渐出现了互联网金融萌芽，但 2008 年全球金融危机的爆发对浙江金融深入发展提出了挑战，2012 年浙江省以温州为试点开始了金融改革。

3.3.3　深度融合（2012 年至今）

　　2011 年以来，温州经历了因信贷额度中断而导致的私营企业家"外流"危机。由于此次危机发生在国家经济转型之际，对省内宏观经济产生了巨大影响。2012 年 3 月，国务院正式批准了温州金融改革试点方案，要求改善原有僵化的机制体制，建立符合时代要求的多元化金融体系，改善金融服务，优化金融环境，增强政府金融风险抵御能力，温州金融改革随后也应用到了整个浙江省。浙江省债务融资规模迅速扩大，2012 年发行债券 836.2 亿元，同比增长 96%；中小企业直接融资渠道持续扩大，2012 年浙江省发行总价达 23.6 亿元的8 只债券，惠及 29 家企业。2012 年，浙江省加强中小企业信用体系试验区建设，配合做好中小企业信用评价、信用宣传等工作，促进银企互动，加强信用管理。全省信用管理不断完善，2012 年共有 18.5万家中小企业建立了信用档案；金融产品不断升级，2012 年底全省知识产权质押贷款余额为 9.2 亿元；多元化融资渠道不断出现，2012年浙大网新成功发行 4 亿元短期融资券。

2013 年 2 月 19 日，马云、马明哲和马化腾联手推出众安保险，6 月，支付宝推出余额宝，这标志着网络金融的迅速崛起。2017 年，以百度金融、蚂蚁金服、腾讯和京东金融为主的四大网络金融公司发展迅速，有追赶甚至超越传统大型金融机构的趋势。浙江省政府 2020 年报告提出，要深化温州金融综合改革、台州小微金融改革、宁波普惠金融改革、湖州和衢州绿色金融改革等试点，以数字化改革降低金融机构成本，为完善供应链金融发展搭建技术平台，增加中长期融资投入，更好地解决民营企业和中小企业融资复杂、成本高、融资速度慢的问题。加大力度预防、控制和解决金融风险。加强省市县协调、部际合作、政银企联系，防范和降低企业债务风险，支持民营企业债券融资，加大政治扶持。

表 3 - 6   2015 ~ 2020 年浙江省社会融资与工业生产总值变化

项目	2015 年	2016 年	2017 年	2018 年	2019 年	2020 年
各项贷款（亿元）	74 070.2	79 926.05	88 606.47	104 099.82	120 289.29	142 126.03
固定资产投资增长（%）	13.20	10.90	8.60	7.10	10.10	5.40
工业生产总值（亿元）	17 803.3	18 661.48	20 038.67	21 621.19	22 840.53	22 654.39

资料来源：2019 年浙江省统计年鉴，2021 年浙江省统计年鉴。

金融部门的主要功能是提供满足实体经济发展需要的金融资源，为具有增长潜力或至少有能力偿还债务的经济主体提供资金。2012 年之后浙江省内金融快速发展创新，科技金融、绿色金融、数字金融在金融领域的比重越来越大，随着互联网的普及和发展，金融服务实体经济的能力迅速增长，金融与实体经济进一步融合，金融正在推动产业结构向高度合理化的方向更新，对传统产业的旧有动力进行重组和现代化改造（见图 3 - 4）。

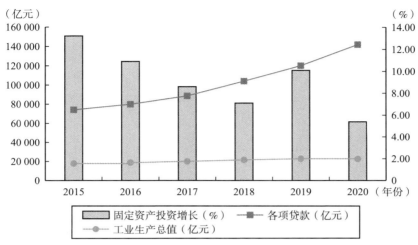

图 3 - 4　2015~2020 年社会融资与工业生产总值变化

资料来源：2019 年浙江省统计年鉴，2021 年浙江省统计年鉴。

3.4　驱动浙江实体经济高质量 发展的金融供给侧创新

3.4.1　浙江实体经济高质量发展对金融创新的需求

1. 实体经济高质量发展的内涵

2017 年党的十九大报告指出，中国经济已由高速增长阶段转向高质量发展阶段，为加快经济发展向高质量转换，党的十九大报告提出要"建立健全绿色、低碳、循环发展的经济体系"。高质量发展必须在新发展理念指引下实现，党的十八大提出"创新、协调、绿色、开放、共享"的新发展理念，只有贯彻新发展理念，才能改善发展质量。高质量发展是以创新为第一动力、协调为内在特征、绿色为普遍形态、开放为必要途径、共享为终极目标的发展。

实体经济的高质量发展需要实现质的追赶、结构现代化、创新驱动、共同富裕、绿色发展的转变，而这些转换的实现需要依靠金融创新。金融创新服务实体经济应当做到推动扩大金融开放、切实推进供给侧改革、以数字金融为抓手使金融服务实体经济、开展绿色金融改革创新、通过科技金融推动科技创新。第一，利用数字金融提升全要素生产率，实现向高效生产的跃升。利用大数据、物联网、人工智能等技术，深化基于数字技术的产业链横向分工和跨行业整合，促进目标要素分配和产业数字化、智能化转型，使中国的制造业能够实现产业链的现代化，并进入全球价值链的中高层。第二，利用科技金融，把创新作为第一动力，帮助有潜力的高新技术企业和新兴企业获得融资，助推科技成果转化，依靠科技创新和人力资本投资继续加强我国的经济创新和竞争力。第三，中国已承诺"到2030年达到碳达峰，到2060年实现碳中和"。必须加大绿色转型的攻坚力度，促进整体经济和社会发展的绿色转型，利用绿色金融将资金引向节约资源和保护环境的企业，构建人与自然和谐发展的现代新模式（见图3-5）。

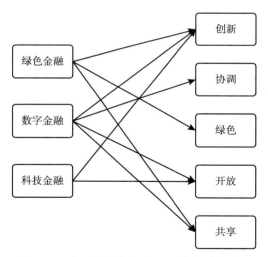

图3-5 金融创新与新发展理念的对应关系

高质量发展的首要目标是满足人民对美好生活的向往，为全体人民争取共同利益。高质量发展不仅需要一个高效的生产系统，还需要一个共享和包容的分配系统来创造高质量的生活。

2. 金融供给侧改革创新的方向

2016 年 1 月 26 日，供给侧结构性改革在中央财经领导小组第十二次会议上首次提出，会议提出中国将通过供给侧结构性改革深化经济改革。金融的供给侧改革要从优化结构、创新产品、深化监管、服务实体经济 4 个方面入手。2019 年底的中央经济工作会议强调"要深化金融领域供给侧改革，疏通货币机制，增加中长期融资，缓解企业的融资困难"。

解决实体经济融资难问题首先应通过发展数字金融实现。数字金融是新一代的金融服务，它将互联网时代的新技术与传统的金融服务行业相结合。金融机构应积极探索区块链等新技术，促进数字采购、库存和应收账款融资等供应链金融产品的创新，应加快开发和推广应收账款、库存等抵押融资产品，补足中小企业资金缺口。同时，要加强对供应链金融的监管，以确保供应链上的中小企业的利益不被核心企业所挤压。金融机构还应该探索如何使用数字技术扩大普惠金融的覆盖面。利用互联网支付和移动支付发展微储蓄、微理财、微借贷和微保险业务，依托互联网技术创新"整体批发"信贷业务，创新信息共享平台助推企业产权融资，使用数字科技和手段来创新建设信用体系，对用户信用信息进行电子化动态管理，提高征信发展水平。但随着数字技术的发展，老年人和生活在偏远地区的人可能因"数字鸿沟"而无法平等获得金融服务，因此在发展数字金融的同时要关注由"挤出效应"引发的"数字鸿沟"。大数据时代保护用户个人信息格外重要，因为信息数据在成为公司和用户关键资产的同时，也成了黑客网络攻击的目标。数字金融应注重保护用户信息，通过建立信息安全长效机制来保护用户权益和维护金融稳定。

其次是发展绿色金融。2016 年发布的《二十国集团绿色金融综合报告》中指出，"绿色金融是指能为可持续发展提供环境效益支持的投资和金融活动"。加快发展绿色金融，第一，要提升绿色金融要素供给，通过发挥价格信号作用、完善绿色金融基础设施、改善金融机构的治理和市场结构、发挥政府干预和财政资金在市场机制中的作用等，打通金融要素流动和分配渠道。第二，要扩大绿色金融产品的供给，通过产品创新改善产品供给，加强金融机构对绿色项目的专业识别能力，加大对乡村振兴的绿色金融支持。第三，完善绿色金融顶层设计，通过搭建绿色金融标准框架、银企对接服务平台制定法律法规、企业环境信用评价体系、环境信息披露标准。第四，完善企业和贷款方之间的供需结构，整合金融、产业和环境政策，使供需结构更加合理，政策互动更加紧密，促进企业绿色转型。

再者是发展科技金融。科技金融是一个多资源系统，为科技企业以及技术发展、创新服务。发展科技金融，第一，通过建立信贷担保机制，为高科技公司特别是中小企业提供服务，以创造一个高效和可负担的担保贷款渠道，打通科技与资本对接通道。第二，提供专业金融产品，为处于不同成长周期的科技型企业提供高效的金融服务，为高成长的科技型中小企业开辟担保贷款的"绿色通道"，为规模较大的企业提供知识产权质押贷款，满足不同科技的资本需求。第三，发挥行业协会的作用，为高科技企业提供信贷支持和信贷服务，与银行、政府和风险投资公司建立联系，完善科技融资的协调机制，开辟对高科技产业的信贷融资渠道。高科技企业的主要资产是知识产权和人力知识资源，而固定资产所占比重较低，需要对无形资产进行更好的评估；高科技企业的快速增长特点导致资金紧张，需要快速、短期的资金支持；高科技企业在创业阶段是亏损的，随着公司开始成长，其营业收入将迅速增加，此时需要一个多层次的金融服务系统，为不同成长周期中的公司提供有针对性的服务（见图 3 - 6）。

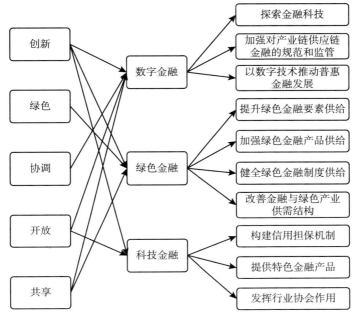

图 3 - 6　新发展理念指导下金融创新的措施

3.4.2　浙江金融供给侧创新的实践

1. 浙江绿色金融创新实践

近年来，浙江以"两山"理念为指导，在湖州、衢州、丽水等地进行绿色金融改革创新区建设，推动浙江银保行业探索创新绿色金融服务模式、体制机制。近年来，浙江对绿色金融产品和服务进行了创新，在响应国家"3060"计划号召的同时支持本地绿色产业的发展，银行业将排污权、碳交易权纳入抵押质押范围，推广绿色园区贷款、"两山贷款"等多种绿色金融产品。保险业推出包括养殖业保险、环境污染责任险、绿色企业安全生产责任险在内的 14 种绿色保险产品。湖州市起草并出台了全国首个地级市绿色融资促进规则——《湖州市绿色金融促进规则》；衢州市率先制定实施《金融支持碳账户体系建设指导意见》，为辖区内工业企业开通碳账户并提供场景应用贷款。截至 2020 年末，浙江省辖内绿色信贷余额 9 702 亿元，同比增长 28.3%。

2014 年 10 月，兴业银行杭州分行为杭州萧山水务集团污水处理项目发行了全国首笔绿色金融直接融资，价值 2.5 亿元人民币。湖州市与各大银行合作，设立了两个百亿绿色产业发展基金，仅 2016 年当年湖州就为城市绿色事业发展提供了近 200 亿元的直接融资支持。2016 年 5 月，浙江嘉化发行了价值 3 亿元人民币的绿色债券，开创了国内公司发行绿色债券的先河。2016 年 6 月，网商银行推出绿色融资计划，以互联网金融的方式向乡村提供乡村振兴贷款。2016 年 8 月，蚂蚁金服启动蚂蚁森林计划，为支付宝平台的 4.5 亿用户开通了个人碳账户，将互联网金融与绿色金融融合。2017 年 2 月，衢州柯城农商银行成为衢州首家获准发行银行间债券的银行，衢州市在市财政牵头下，设立了 10 亿规模的绿色产业引导基金。2017 年 5 月，浙能集团成立了中国第一只绿色能源产业基金——浙江浙能绿色能源股权投资基金。

湖州已经开发了一个综合性的绿色金融服务平台，有 3 个金融服务子平台。即"绿贷通""绿融通""绿信通"，为绿色企业提供银行信贷、资本对接、融资担保、绿色认定、政策申报等"一站式"金融服务。截至 2021 年 7 月，该平台已为近 2.3 万家企业提供了 2 400 多亿元的银行贷款，为 107 个项目提供了近 100 亿元的资金支持，并为 1 000 多家企业和 100 多个项目进行了绿色评级。2021 年湖州市金融办与发改、供电部门合作，将企业的碳排数据制成"能源碳效码"，还与银行联手推出了能源效率贷款，为企业提供差异化的融资和优惠利率。浙江启德新材料有限公司通过"绿贷通"平台，申请到了 390 万元的专项贷款。湖州还鼓励金融机构推出碳价格贷款，将碳配额和信贷产品的市场价格、全国碳交易市场的价格波动结合起来，形成一个完整的贷款周期，将碳价直接纳入贷款的风险溢价中。截至 2021 年 10 月，湖州市德清区向两家热电联产公司发放了两笔价值 500 万元的碳汇。

2. 浙江科技金融创新实践

2020 年浙江地方财政对科技的支出达到了 472.13 亿元（见图 3－7），高新技术产业投资增长率为 7.6%。2014 年 10 月 28 日天台县发布当地科技金融专项补助资金的管理办法，帮助天台县科技型企业解决融资难题，提升企业自主创新能力和市场竞争力，县财政每年将为企业提供 300 万元以上的财政补助。补助形式为贴息，享受国家政策优惠的高新技术企业按月利率 1.5‰进行贴息，其他科技型企业按月利率 2.5‰进行贴息。2018 年 6 月 5 日温州瓯海区印发科技金融专项资金实施细则，为区内经过认定的科技型企业提供包括科技企业信用（担保）贷款、专利质押贷款、科技保险和科技经费风险投资基金在内的专项资金，承办银行的加息幅度一般不超过中国人民银行基准利率的 30%，最高不超过 60%，承办担保公司每年收取的担保费一般不超过贷款额的 2.4%。2020 年 4 月 2 日瓯海区继续深化了细则，发布《瓯海区科技金融资助实施细则》，资金来源已扩大到包括对科技公司的信贷（担保）贷款的补贴、对中小型省级科技公司的贷款补贴、对大型科技专项的贷款补贴、对科技保险的补贴以及对公司获得风险投资机构投资的奖励。贷款利率应为全国银行间同业拆放利率中心公布的贷款市场报价率（LPR），最多可增加 238BP。

图 3－7　2016～2020 年浙江省科技发展

资料来源：2021 年浙江省统计年鉴。

2013 年 10 月，浙江省科技厅和财政厅共同发布《浙江省科技厅关于进一步促进科技与金融结合的若干意见》，为科技金融发展提供了政策指引。2013 年 11 月 4 日，海盐县农信社为当地首批 6 家科技型企业授信 9 600 万元，为促进地方科技企业的发展提供了资金支持。2011 年 9 月 29 日浙江中新力合成为浙江首家为科技型企业提供金融服务平台的公司。这样的平台公司可以实现技术与资本的创新结合，对提升金融服务、解决科技型中小企业的融资难题以及战略性新兴产业的成长和发展至关重要。2016 年 11 月 30 日，义乌市出台《科技风险补偿资金管理暂行办法》，提出设立由市财政出资、贷款银行承担有限责任、合作银行提供风险补偿的科技风险补偿基金，以此加大对科技型中小企业的支持力度。2017 年，萧山区内 10 家银行为 205 家企业提供了 16.89 亿元的科技贷款，贷款金额同比增加 80%。2019 年 11 月农业银行浙江分行向浙江卡尔特汽车科技有限公司发放了第一笔价值 60 万元的"科技 e 贷"授信，授信办理过程全程不超过一个星期。为支持宁波科技企业的发展，宁波银行业积极推进投贷捆绑、"创投团"贷款等融资方式，帮助该区 25% 的小资产初创型企业获得融资；宁波保险业深化"保险 + 维权 + 服务"模式商标专利权保险试点，推行"创客保"和研发费用损失保险，促进企业加强品牌建设和创新意识，累计为 1 364 个商标提供保险，为万余名创业者提供服务。截至 2019 年 5 月末，宁波市高新科技技术企业贷款余额突破千亿元。

3. 浙江数字金融创新实践

"十三五"期间，浙江省明确了建设城西科创大走廊、数字经济一号工程等数字经济战略目标，并提出发展金融科技、将"互联网 +"技术与金融创新相结合的数字金融发展目标。浙江充分发挥金融科技领先的区位优势，大力推进移动支付、网络贷款、网络保险等数字金融服务的发展，以及金融机构的数字化转型，台州小微企业金融服务征信、湖州绿色金融综合服务和宁波全国数字健康保险交易等一批富有特色的数字金融服务平台促进了金融服务模式创新、质量提升、效率变革，提升金融可得性、覆盖面和便利度。2018 年 7 月 24 日在数字经济发展大会上，时任省长袁家军表示，浙江省将以建设国家数字经济示范省为总目标，贯彻"数字产业化、产业数字化"的行动方针，全面实施数字经济一号工程。在这一过程中浙江利用人工智能、物联网、云计算、大数据等数字技术着力强化数字金融建设，《浙江省数字生活新服务指数 2020 年度报告》中数字金融指数上涨达 24.8%。《2021 全球金融科技中心城市报告》发布了按照金融科技发展指数（FDI）排名前 50 名的城市，北京位列第一，杭州位列第七。

2019 年 5 月 13 日杭州市人民政府印发《杭州国际金融科技中心建设专项规划》（以下简称《规划》）。《规划》提到近年来杭州设立了许多知名金融机构的金融科技中心，并开展金融科技创新试点；浙商银行、杭州银行等金融机构通过搭建金融科技平台创新传统金融业务，提升金融服务能力，并取得了初步成效。浙江网商银行通过卫星遥感技术结合 AI 模型算法助力解决"三农"问题，助力乡村产业振兴。台州市路桥区探索数字、金融、科技三管齐下的数字金融"三链融合"服务模式，构建政银企联合的数字科技金融服务体系，努力破解创业初期科技企业融资难题。截至 2021 年 8 月初，已向该区 82 家科技型初创企业授信超过 1.8 亿元。到 2021 年底，路桥计划提供 30 亿元人民币用于资助科技初创企业。2021 年 4 月，中非经贸港联合椒江农商银行在台州推出"出口 e 贷"，通过海外综合服务平台为中小外贸企业提供及时可靠的数字金融服务。公司只需在网上申请运输文件中注明的应收账款，就可以获得资金支持。贷款额度为提单上应收金额的 70%，公司可在授予信贷额度后的两年内按照适用程序偿还贷款。"出口 e 贷"是一个运用互联网技术的自动化智能金融服务系统，已经成为数字化转型背景下银企合作的有效工具。

目前亚洲唯一世界银行全球数字金融中心已经签约落地杭州，中国第一家中外合资银行卡清算所——连通（杭州）技术有限公司已落户杭州，杭州还拥有多个国际领先的数字金融研究和服务平台，如浙江大学互联网金融研究院、中钞区块链技术研究院和全球金融科技创新实验室，此外还在谋划打造西溪谷互联网金融小镇、滨江金融科技小镇、全国首个区块链产业园。"杭州 e 融"金融综合服务平台，截至 2020 年底，累计入驻企业 6.8 万家，成功撮合融资 759 亿元。蚂蚁金服集团与众多金融机构合作，以支付宝数字支付为核心，创建了一个强大的、涵盖小额信贷技术、资产管理技术和保险技术的数字金融生态系统。截至 2020 年 6 月底，蚂蚁集团已为超过 5 亿的个人消费者和 2 000 万小微经营者提供信贷支持超 2.1 万亿元，为超过 5 亿的用户促成资产管理规模超 4 万亿元，超过 5.7 亿用户通过保险科技平台获得了保障。在疫情发生期间，蚂蚁金服集团与 100 多家金融机构合作，帮助 1 000 万有需要的人。

第4章

绿色信贷推动浙江实体经济高质量发展的耦合与效率评价

中国经济正从高速增长进入高质量发展阶段，更注重经济结构优化与内涵提升。绿色信贷通过抑制金融机构对高污染、高污染企业（以下简称"两高"企业）的贷款支持，引导资金向绿色产业投放，利用金融手段助力实体经济可持续发展。近年来，浙江省积极发展绿色信贷，优化信贷资金配置，调整产业结构和经济增长方式，探索发展生态型经济的路径，以期实现实体经济的高质量发展。因此，深入研究绿色信贷与实体经济高质量发展之间的耦合关系及影响因素，对进一步完善浙江绿色信贷政策以及推动实体经济高质量发展均具有参考意义。

4.1 绿色信贷概述

绿色信贷主要用于绿色产业的融资需要，其本质是利用金融手段助力经济社会可持续发展，为经济转型做好铺垫。李毓等（2020）认为，绿色信贷可以加速产业结构转型升级，推动经济的可持续发展。何凌云等（2019）采用中介效应模型，考察绿色信贷对节能环保企业技术创新的影响，发现绿色信贷水平及研发投入水平的提高均对环保企业技术创新有显著的促进作用。蔡海静等（2019）则采用双重差分法检验绿色信贷政策对"两高"企业银行借款的影响，证实其能够推动环境保护的社会效应。绿色信贷政策通过约束商业银行的行为，可以有效遏制贷款项目对环境的不良影响，其发展对产业升级、技术创新以及环境保护均有显著的促进作用。

目前中国正在走向高质量发展的经济转型之路。高质量发展是一种生产要素投入少、资源配置效率高、资源环境成本低、经济社会效益好的发展模式。高质量发展的本质内涵是以满足人们日益增长的美好生活需要为目标的高效率、公平和绿色可持续的发展。经济发展的高质量取决于实体经济的高质量，实体经济的高质量发展取决于产业升级、技术换代以及与环境的和谐共处。加快产业结构升级、增强技术创新能力、优化企业营商环境是实现中国实体经济高质量发展的着力方向。

结合绿色信贷的作用以及实体经济高质量发展的内涵，发现两者之间的内在联系较为显著，绿色信贷作为"绿色发展"重要组成部分，以信贷倾斜和利率波动为手段，以社会责任为核心价值导向，可以有效引导社会经济高质量发展。

4.2 绿色信贷推动浙江实体经济高质量发展的耦合协调分析

4.2.1 文献综述

1. 绿色信贷推动高质量发展的作用机理研究

绿色信贷主要通过影响技术进步和技术效率来促进经济绿色增长，推动实体经济的高质量发展。关于绿色信贷对技术进步的影响，褚等（Chu et al.，2014）认为，绿色信贷可通过引导资本流向，激励企业投资低碳环保领域的技术创新。吴晟等（2019）从生态创新的角度出发，认为绿色信贷能为企业技术引进和研发提供资金支持，可以减轻企业在相关绿色技术研发中的风险。可见，绿色信贷可以为环境友好型企业提供信贷支持、降低技术创新风险，最终推动技术的革新与更替。关于绿色信贷对技术效率的影响，盛雯雯（2017）认为，绿色信贷与技术效率之间存在着正向相互促进作用。龚六堂与林东杰（2020）发现，提高绿色信贷配置效率可以将资金聚集转换成投资资本，有助于提高技术效率。而王小腾等（2018）的研究表明，国有企业生产效率较低，创新动力不足，却优先获得低利率信贷资金，使得金融资源配置效率下降，不利于改善技术效率。

2. 绿色信贷推动高质量发展的实现路径研究

目前，关于绿色信贷推动实体经济高质量发展的相关文献较为有限。通过对现有的文献整理分析，发现绿色信贷主要通过优化产业结构来推动实体经济的高质量发展。关于绿色信贷对产业结构升级的影响，龙云安等（2018）认为，绿色信贷通过资金聚集、资本导向、信息传递等路径助推产业结构的优化升级，这也受到了学术界的广泛认同。徐胜等（2018）则认为，绿色信贷还具有反馈与信用催化功能，信贷资金能够在金融机构与节能环保企业间良性循环，推动绿色产业发展。绿色信贷助推产业结构升级，而产业升级作为高质量发展的主要目标及核心推动力，通过效率和结构改善来促进实体经济的高质量发展。向晓梅等（2018）发现，广东产业转型升级的过程中也伴随着经济的高质量发展，产业结构优化是高质量经济发展的主要推动力。

通过对现有文献的归纳总结，可以发现关于绿色信贷支持实体经济高质量发展的理论基础、作用机理和实现路径等都有相应的评价，但从研究方法来看，鲜少有从耦合协调的角度评价绿色信贷对实体经济高质量发展的支持效果。本书将借助耦合模型和灰色关联分析，为进一步分析浙江省绿色信贷对实体经济高质量发展的支持作用提供新的思路与方法。

4.2.2 研究设计

1. 指标体系构建

（1）绿色信贷评价体系

绿色信贷的可测量指标有绿色信贷占比和高耗能产业利息支出占比两类。由于绿色信贷概念边界较模糊，绿色信贷规模缺少标准的统计口径，而一个地区的高耗能产业则相对比较容易识别。为了确保数据的准确性，本书决定采用浙江省六大高耗能工业产业利息支出占比来测度绿色信贷的发展水平，具体如表 4 - 1 所示。

表 4 - 1　　　　　　　　绿色信贷综合评价体系

一级指标	二级指标	指标性质
六大高耗能工业产业利息支出占比	X_1：石油加工炼焦及核燃料加工业（%）	负指标
	X_2：化学原料及化学制品制造业（%）	负指标
	X_3：非金属矿物制品业（%）	负指标
	X_4：黑色金属冶炼及压延加工业（%）	负指标
	X_5：有色金属冶炼及压延加工业（%）	负指标
	X_6：电力、热力生产和供应业（%）	负指标

（2）高质量发展评价体系

目前，高质量发展的评价体系的研究成果虽丰富，但还未形成统一的标准。在参考现有指标体系的基础上，结合高质量发展创新、协调、绿色、共享的内涵，并体现经济发展的速度、结构与质量，从经济活力、产业结构、生态环境、共享发展和创新能力 5 个方面构建浙江省实体经济高质量发展的指标综合评价体系。具体如表 4 - 2 所示。

表 4 – 2　　　　　　　　高质量发展综合评价体系

一级指标	二级指标	指标性质
经济活力	Y_1：经济增长率（％）	正指标
	Y_2：人均 GDP（元）	正指标
	Y_3：城镇化水平（％）	正指标
产业结构	Y_4：第一产业占比（％）	负指标
	Y_5：轻工业占比（％）	负指标
	Y_6：重工业占比（％）	正指标
	Y_7：第三产业占比（％）	正指标
生态环境	Y_8：绿化覆盖率（％）	正指标
	Y_9：污水处理率（％）	正指标
	Y_{10}：工业固体废物综合利用率（％）	正指标
共享发展	Y_{11}：人均可支配收入（元）	正指标
	Y_{12}：医疗保险覆盖率（％）	正指标
	Y_{13}：文体卫公共基础设施数（个）	正指标
创新能力	Y_{14}：R&D 经费投入（万元）	正指标
	Y_{15}：专利申请量（项）	正指标

2. 数据预处理

由于各指标数据的量纲不同，需对原始数据进行无量纲化处理并进行指标权重的计算。本节用熵值赋权法确定各个指标的权重，最终各个指标的权重分配如表 4 – 3 所示。

表 4 – 3　　　　　　　　各指标权重计算结果

	指标	指标意义	权重
绿色信贷子系统	X_1	反映高耗能工业产业利息支出占工业利息总支出比重情况	0.099
	X_2		0.149
	X_3		0.284

	指标	指标意义	权重
绿色信贷 子系统	X_4	反映高耗能工业产业利息支出占工业利息总支出比重情况	0.194
	X_5		0.113
	X_6		0.163
高质量发展 子系统	Y_1	反映地区经济增长速度	0.119
	Y_2	反映地区人均生产总值	0.061
	Y_3	反映城镇人口比例	0.052
	Y_4	反映第一产业发展水平	0.094
	Y_5	指规模以上轻工业产值与规模以上工业产值的比值	0.054
	Y_6	指规模以上重工业产值与规模以上工业产值的比值	0.054
	Y_7	反映第三产业发展水平	0.054
	Y_8	反映绿化水平	0.062
	Y_9	反映污水治理水平	0.039
	Y_{10}	反映地区污染整治水平	0.049
	Y_{11}	反映居民生活水平	0.064
	Y_{12}	反映地区医疗保障水平	0.072
	Y_{13}	反映公共基础设施建设水平	0.089
	Y_{14}	反映地区对科学技术的投资水平	0.066
	Y_{15}	反映地区科学技术创新水平	0.068

3. 评价方法选取

（1）耦合度模型

耦合度模型是用来反映子系统之间相互依赖、相互促进的动态联系。本节采用耦合度模型来评价浙江省绿色信贷和高质量发展两个子系统之间的支持水平。其表达式可以如下表示：

$$C = 2 \cdot \sqrt{(U_1 \times U_2)} / (U_1 + U_2) \qquad (4-1)$$

其中，C 表示耦合度，U_1、U_2 分别代表绿色信贷和高质量发展两个子系统的总贡献值，由各指标的标准值和对应的权重进行加权求和所得。

参考已有文献中的划分方式，本节将绿色信贷和高质量发展系统耦合的演变划分为 4 个阶段，如表 4 - 4 所示。

表 4 - 4　　　　　　　　　　　　耦合阶段和判别标准

项目	低水平耦合阶段	颉颃阶段	磨合阶段	高水平耦合阶段
耦合度值	(0, 0.3]	(0.3, 0.5]	(0.5, 0.8]	(0.8, 1]

当 $C = 0$ 时，两个系统间的耦合度很小，基本无关，随着耦合度值的不断增大，绿色信贷和高质量发展系统之间的关联程度不断加深，当 $C = 1$ 时，耦合达到最优水平，两个子系统之间处于有序且紧密相关状态。

（2）耦合协调模型

对耦合度和耦合协调度进行比较分析，可以识别出绿色信贷和高质量发展系统之间是存在耦合较差的问题还是发展水平不高的问题。在本节中，引入绿色信贷和高质量发展耦合协调模型：

$$T = \alpha U_1 + \beta U_2 \qquad\qquad (4 - 2)$$

$$D = (C \times T)^{\frac{1}{2}} \qquad\qquad (4 - 3)$$

其中，D 为耦合协调度，C 为耦合度，T 为综合协调指数，α 和 β 分别表示绿色信贷和高质量发展两个子系统对整个系统运行的贡献值占比，本书认为绿色信贷和高质量发展两个子系统处于同等重要水平，故取 $\alpha = \beta = 0.5$。

协调度可以分为 5 种类型，如表 4 - 5 所示。

表 4 - 5　　　　　　　　　　　　协调类型与判别标准

项目	失调	濒临失调	勉强协调	中度协调	高度协调
耦合协调度值	(0, 0.2]	(0.2, 0.4]	(0.4, 0.6]	(0.6, 0.8]	(0.8, 1]

4.2.3 实证分析

1. 数据来源与样本选取

本节中绿色信贷指标的相关数据源自《浙江统计年鉴》《中国工业统计年鉴》，高质量发展指标量的相关数据源自《浙江统计年鉴》。选择浙江省 2008～2018 年的绿色信贷发展水平和实体经济高质量发展水平作为样本进行研究，时间跨度较长，希望能进一步评价两者间的耦合关系和影响机制。

2. 耦合协调关系时序分析

根据各个指标的标准值和权重，分别计算出浙江绿色信贷与高质量发展两个子系统 2008～2018 年的总贡献值，并根据耦合度模型与耦合协调模型计算得到浙江省"绿色信贷－高质量发展"系统的耦合度及耦合协调度。具体如表 4-6 所示。

表 4-6　2008～2018 年浙江省绿色信贷－高质量发展系统的
总贡献值、耦合度和耦合协调度

年份	U_1（绿色信贷子系统总贡献值）	U_2（高质量发展子系统总贡献值）	C（耦合度）	D（耦合协调度）
2008	0.4961	0.1026	0.7538	0.4750
2009	0.4954	0.0694	0.6563	0.4305
2010	0.4350	0.2994	0.9828	0.6007
2011	0.3904	0.3386	0.9975	0.6030
2012	0.4830	0.3246	0.9806	0.6293
2013	0.3970	0.4325	0.9991	0.6437
2014	0.3957	0.5249	0.9901	0.6751
2015	0.3910	0.5468	0.9861	0.6800
2016	0.4129	0.6489	0.9750	0.7195

续表

年份	U_1（绿色信贷子系统总贡献值）	U_2（高质量发展子系统总贡献值）	C（耦合度）	D（耦合协调度）
2017	0.7289	0.7482	0.9999	0.8594
2018	0.4442	0.8773	0.9448	0.7901

（1）绿色信贷质量分析

从图 4 - 1 反馈的结果来看，浙江省 2008～2018 年绿色信贷发展总体平稳，局部有较大的跃升，从整体来看发展水平还有待提高。绿色信贷发展初期，因缺乏对绿色项目的评估标准，发展不稳定，于 2010 年和 2011 年呈现下滑趋势。2012 年浙江集中进行工业升级改造，省银监局发布《浙江银行业金融机构绿色信贷工作指导意见》，明确绿色信贷的审核机制和发放要求，规范和指导银行行为，绿色信贷工作得到进一步开展。2013～2016 年，绿色信贷发展比较平稳，但政策体系、信息沟通机制和产品创新水平有待进一步完善。绿色信贷的发展水平在 2017 年达到一个高峰，浙江被指定为绿色金融改革创新试验区：湖州、衢州等地不断扩大绿色信贷投放规模、环保信息共享机制正式上线等一系列的举措促进了绿色信贷的大力发展。但政策刺激的效果并不持久，绿色信贷发展水平在 2018 年又有所回落。

图 4 - 1　2008～2018 年浙江绿色信贷发展水平

（2）实体经济发展质量分析

浙江省 2008～2018 年的实体经济发展水平基本处于稳步上升的状态（如图 4－2 所示）。2008 年金融危机对浙江造成冲击，经济发展遇到瓶颈，速度放缓，至 2010 年有所回升。2012 年经济高质量发展水平稍有回落是因为浙江中小企业正处于转型期，经济发展受到影响，放慢了步调。总体而言，浙江坚持经济建设的主线，越来越注重经济发展的质量，坚持绿色生态环保的发展模式，持续进行产业改造与升级，一步步推进实体经济高质量发展水平。

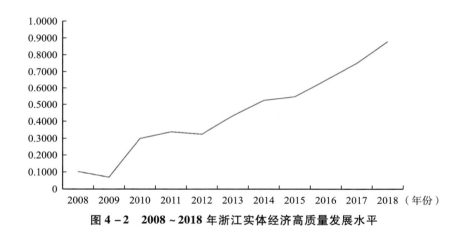

图 4－2　2008～2018 年浙江实体经济高质量发展水平

（3）耦合协调时序分析

根据图 4－3 中绿色信贷与高质量发展的耦合度来看，2008 年和 2009 年的耦合度较低，位于（0.5，0.8）之间，处于磨合阶段，这是因为浙江经济受到金融危机的冲击，实体经济发展质量较低，绿色信贷此时也处于初级发展阶段，无法有力地扶持实体经济。但在 2010～2018 年，浙江省"绿色信贷－高质量发展"系统的耦合状况良好，一直处在高水平耦合阶段。这说明，在此期间浙江省的绿色信贷与高质量发展保持了较好的耦合关系，尽管经济高质量发展状况在不同年份都各有特点，但绿色信贷能及时捕捉经济高质量发展的变化趋势和信贷需求，有效支持实体经济的优质发展。同时，这也表明尽管浙江省绿色信贷体系还未发展成熟，但仍是促进产业升级、经济发展的重要助力。

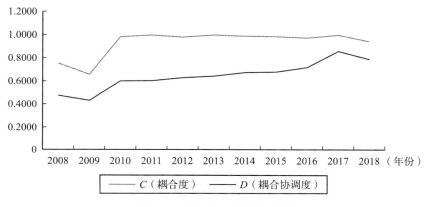

图 4 - 3　耦合度、耦合协调度

从耦合协调度来看，浙江省"绿色信贷 - 高质量发展"系统的协调度总体上呈现出上升趋势，局部有回落。协调类型在一开始的2008 年和 2009 年是勉强协调水平，2010～2016 年是长期的中度协调时期，2017 年暂时呈现出的高度协调水平，但在 2018 年又回到中度协调水平。总体协调水平虽然不断提高，但还有进步空间。"绿色信贷 - 高质量发展"系统的协调度，能够综合体现出绿色信贷和实体经济高质量发展系统间的耦合关系以及两个系统的相对发展水平。总体协调水平的不断提高表明浙江省绿色信贷和高质量发展的耦合度与发展水平不断提高。在发展初期，发展水平对协调度的影响更大，随着绿色信贷和高质量发展水平的不断提高，耦合度对协调度的作用将更大。

3. 耦合协调关系关联分析

（1）灰色关联分析

由于绿色信贷系统和高质量发展系统耦合作用的交错性和复杂

性，本节利用灰色关联分析进一步分析绿色信贷系统对高质量发展系统中各个指标的影响程度，探究绿色信贷支持浙江实体经济高质量发展的主要路径，以便对浙江省绿色信贷和经济高质量发展的耦合机制进行揭示。

将高质量发展的各个指标作为参考序列，绿色信贷的各个指标作为对比序列，利用式（4－4）来分析绿色信贷对高质量发展各个具体指标的关联度：

$$p_i(j) = \frac{\min\limits_{i}\min\limits_{j} \left| Z_i^X - Z_j^Y \right| + \rho \max\limits_{i}\max\limits_{j} \left| Z_i^X - Z_j^Y \right|}{\left| Z_i^X - Z_j^Y \right| + \rho \max\limits_{j}\max\limits_{j} \left| Z_i^X - Z_j^Y \right|} \qquad (4-4)$$

其中，Z_i^X、Z_j^Y 分别表示绿色信贷和高质量发展系统各个指标的标准化值，ρ 表示分辨系数，一般为 0.5。$p_i(j)$ 表示两个指标之间的关联系数。

每一个关联系数都能得到 k 个样本值，求其平均值可以得到一个关于各个指标间的关联度矩阵 η，关联度 η_{ij} 的大小可以反映出高质量发展系统中哪些指标与绿色信贷系统的关系更为密切，绿色信贷系统对高质量发展系统的哪些指标作用不大。关联度 η_{ij} 在 0 ~ 1 之间，关联度大小与耦合强弱的关系如表 4－7 所示。

表 4－7　　　　　　　　　　　关联度分类

η_{ij}	(0，0.35]	(0.35，0.65]	(0.65，0.85]	(0.85，1]
关联度	弱	中	强	极强
耦合作用	弱	中等	较强	极强

（2）绿色信贷作用路径分析

通过上述方法，本节最终得到绿色信贷和高质量发展两系统的关联度矩阵（如表 4－8 所示），并按行求其平均值，进一步研究绿色信贷对高质量发展各个指标的耦合程度。

表 4 - 8　　　　浙江省绿色信贷和高质量发展各指标关联度矩阵

关联度		绿色信贷各指标						平均值
		X_1	X_2	X_3	X_4	X_5	X_6	
高质量发展各指标	Y_1	0.5422	0.6776	0.6916	0.5851	0.6217	0.6217	0.6233
	Y_2	0.6629	0.5783	0.6586	0.6848	0.5654	0.5928	0.6238
	Y_3	0.6973	0.5763	0.6057	0.6552	0.5691	0.6103	0.6190
	Y_4	0.6246	0.5407	0.6882	0.7136	0.5884	0.5867	0.6237
	Y_5	0.6790	0.6540	0.6773	0.6206	0.6784	0.6390	0.6580
	Y_6	0.6790	0.6539	0.6772	0.6205	0.6783	0.6390	0.6580
	Y_7	0.6655	0.5810	0.6758	0.7029	0.5721	0.5972	0.6324
	Y_8	0.6837	0.5709	0.6232	0.6358	0.5644	0.6009	0.6132
	Y_9	0.7306	0.5648	0.5914	0.6442	0.5732	0.6230	0.6212
	Y_{10}	0.6246	0.6664	0.5832	0.5980	0.5701	0.6311	0.6122
	Y_{11}	0.6557	0.5727	0.6661	0.6897	0.5672	0.5914	0.6238
	Y_{12}	0.6701	0.5193	0.6490	0.6586	0.5327	0.5644	0.5990
	Y_{13}	0.6381	0.5235	0.6583	0.6976	0.5393	0.5775	0.6057
	Y_{14}	0.6524	0.5738	0.6657	0.6992	0.5782	0.5911	0.6267
	Y_{15}	0.6623	0.5691	0.6506	0.6687	0.5750	0.5920	0.6196

由图 4 - 4 可知，首先，绿色信贷与高质量发展系统中的轻工业占比、重工业占比两个指标的关联度最强，达到了 0.6580，整体耦合作用较强，说明绿色信贷引导工业内部结构优化，劳动密集型的轻工业比重不断降低，而技术资本密集型的重工业比重则在不断上升。工业产业向深加工化和技术集约化的道路挺进。其次，是绿色信贷和第三产业占比的关联度，达到了 0.6324，绿色信贷为包括节能环保产业在内的第三产业的发展提供良好的资金支持，减少了资源的消耗，推动产业的升级与优化，最终起到促进绿色发展的作用。

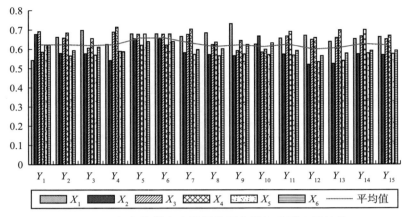

图 4 - 4　绿色信贷和高质量发展各指标关联度及均值

　　具体到二级指标上，石油加工炼焦及核燃料加工业利息支出占比与污水处理率之间的关联度最大，达到了 0.7309，其次是黑色金属冶炼及压延加工业利息支出占比与第一产业占比、第三产业占比的关联度，分别达到了 0.7136 和 0.7029，表明绿色信贷限制了对高耗能产业的贷款额，使得环境获得改善，推动产业的升级与优化。通过以上数据分析可以发现，绿色信贷主要通过优化产业结构来促进实体经济的高质量发展。

4.2.4　结论与建议

　　本节利用耦合度模型和耦合协调模型对浙江省绿色信贷和高质量发展的耦合协调效应进行了实证分析，结果表明：2008～2018 年浙江省绿色信贷和高质量发展整体耦合状况良好，绿色信贷对环境变化能做出及时响应，支持实体经济向高质量发展阶段迈进。通过对浙江省绿色信贷和高质量发展的耦合协调关系进行关联分析后，发现绿色信贷与产业结构的耦合作用较强，表明绿色信贷主要通过优化产业结构来促进实体经济的高质量发展。但为了让绿色信贷更好地服务实体经济高质量发展，需要对其进一步完善。

第一，持续扩大绿色信贷总量。从研究结果来看，绿色信贷总体发展水平不高，并且发展步伐滞后于实体经济的高质量发展水平，从现实依据来看，绿色产业资金需求量大且期限长，但融资工具有限，主要还是以绿色信贷为主。因此需扩大绿色信贷总量，支持传统产业改造和绿色产业发展，保持绿色信贷和企业融资的同步增长，为实体经济的发展创造合适的货币和金融环境。

第二，促进绿色产融精准对接。研究中发现绿色信贷主要通过优化产业结构来促进实体经济的高质量发展，为了更好地利用绿色产业的发展推动实体经济的高质量发展，浙江省绿色信贷在投放时要提高绿色产融对接效率。一要针对涵盖传统产业改造的绿色企业和项目制定统一科学的认定标准，降低识别绿色项目的风险，方便银行快速有效地注入资金；二要建设绿色信息共享机制，金融机构应加大与环保等部门的合作力度，增加绿色信贷信息的收集，解决绿色识别效率不高、银企联系不畅的问题；三要加强对上市公司环境信息的披露，让上市公司接受更严格的监督，促使其降低环境风险，也可作为银行投放绿色信贷的评估依据。

第三，加强政策监管引导作用。基于绿色信贷的发展还不完善，相关的政策监管机制可以从制度层面稳固绿色信贷的发展。政策的制定要充分考虑浙江经济的发展特点，既要从宏观层面把握产业结构特征，又要了解中小企业具体资金需求。通过针对性的政策有效引导信贷流向绿色实体经济，提高绿色投资效率。建立健全对于金融机构和企业合理有效的激励机制和惩罚机制。奖惩兼备，鼓励绿色融资，实现经济的生态转型和高质量发展。

4.3　绿色信贷支持浙江生态经济发展效率评价研究

习近平总书记关于"绿水青山就是金山银山"的重要论断，阐明了生态保护与经济发展的辩证统一关系。为应对日趋严峻的环境问题，党的十九大提出将"绿色发展"作为治国理政的指导理念，"坚定走好生产发展、生活富裕、生态良好的文明发展之路"已被写入党的十九届四中全会决定，发展生态经济已成为我国实现经济高质量增长的重要途径。发展生态经济需要资金支持，绿色信贷政策为打赢污染防治攻坚战提供了有力保障。绿色信贷政策源于国际金融行业于 2002 年发布的"赤道原则"，要求金融机构在向一个项目提供融资时，要对该项目可能对环境和社会的影响进行综合评估，并且利用金融杠杆促进该项目在环境保护等方面发挥积极作用，体现金融机构的社会责任。据兴业研究统计，绿色信贷在我国绿色金融市场中规模占比已高达 95% 以上。截至 2019 年 6 月，全国 21 家主要银行绿色信贷余额已经超过 10 万亿元，可见绿色信贷在绿色金融体系中居于绝对主导地位，已经成为推动生态发展和经济转型升级的主要动力。

作为"两山"理论的发源地，浙江牢固树立绿色发展理念，始终坚守生态底线，努力践行经济高质量发展，积极探索经济发展与生态保护协同推进的路径。近年来，浙江重点打造以绿色信贷为核心的金融服务体系，全力支持生态建设和产业升级，以实现"经济效益"和"生态效益"的同步共赢。

本节就浙江省绿色信贷支持生态经济发展效率水平展开深入分析，探讨影响绿色信贷资金使用效率的主要因素，发现绿色信贷与生态经济发展中存在的不足并提出针对性建议，为浙江生态经济发展助力，并为其他区域提供参考借鉴。

4.3.1　文献综述

1. 绿色信贷的影响研究

在绿色信贷的研究中，许多学者以具体银行为案例进行深入分析。崔等（Cui et al.，2018）基于 24 家中国商业银行数据，采用面板回归技术来检验更高的绿色信贷比率是否会降低银行的不良贷款率，结果表明在总贷款组合中分配更多的绿色贷款确实可以降低银行的不良贷款率，中国绿色信贷政策的制度压力对银行的环境绩效和财务绩效都有积极的影响。田国双和杨茗（2018）、兰虹和江艳平（2018）也对我国上市商业银行绿色信贷业务整体发展状况进行实证检验，发现绿色信贷对银行财务绩效有显著影响，并从制度、产品创新等角度给出对策及建议。除了研究绿色信贷对商业银行自身的影响外，还有学者就绿色信贷对产业结构的影响进行了相关研究。何等（He et al.，2019）研究发现绿色信贷对产业结构转型具有显著影响，并且绿色信贷主要通过企业资本和融资渠道对产业结构产生影响。为了有效提升产业结构，对于利益相关者而言，因地制宜地实施绿色信贷是有效的途径。此外，还有不少学者对影响绿色信贷发展的因素进行研究。巴常锋（2016）发现我国商业银行绿色信贷存在着发展动力与实际成效不足问题，指出绿色信贷成本高收益低、缺乏激励和惩罚机制等是主要原因。裴文静和吕艳丽（2018）在分析甘肃省绿色信贷发展现状后指出缺乏有效的激励与约束机制同样是制约甘肃省绿色信贷发展的最主要因素，认为应该借鉴美国、英国以及德国等欧美发达国家经验，积极构建绿色信贷约束与激励机制。

2. 生态经济发展评价研究

"生态经济"概念由美国经济学家肯尼斯·鲍尔丁于 1968 年最早提出，此后逐渐引起全球研究者的关注。而中国生态经济研究起步于 20 世纪 80 年代，在著名经济学家许涤新大力倡导下逐步发展起来，也取得了丰硕成果。目前，多数学者对生态经济发展的研究主要集中在区域生态环境与经济发展的协调水平上，比如塔娜和宁小莉（2017）运用耦合协调度模型分析内蒙古乌海市 2004～2014 年生态环境与经济发展的协调度；童佩珊和施生旭（2018）运用该方法测算 2010～2015 年 6 年间厦漳泉城市群生态环境与经济发展的耦合协调关系；张磊等（2019）对安徽省合肥市 2008～2017 年生态环境与经济协调发展水平进行评价，结果表明两者协调水平不够高，只有提高合肥市整体经济实力才能实现可持续发展目标。除了以上研究外，也有学者对生态经济发展绩效问题展开调研分析，如李志刚（2017）在建立投入－产出指标体系基础上，采用数据包络分析（DEA）模型测算 2015 年浙江省各地市的生态经济绩效。

3. 绿色信贷与生态经济关系研究

已有学者在绿色信贷与生态经济增长之间关系方面做了初步探索，张云辉等（2018）运用定量分析方法，对黑龙江省绿色信贷与经济转型升级关系进行实证分析，发现绿色信贷有利于促进当地产业结构优化升级，进而推动经济实现绿色可持续发展。也有学者将研究对象具体到环保产业，比如吴施娟（2019）从企业角度出发，通过构建绿色信贷成本－收益模型证实绿色信贷能够帮助绿色环保企业提升业绩。谢婷婷和刘锦华（2019）就绿色信贷促进生态经济发展的作用机制及原理开展研究，从省级面板数据入手建立评价指标体系，分析得出绿色信贷能够有效推进生态经济发展的结论。此外，瞿佳慧等（2019）以长江经济带沿线城市为研究对象，通过实证研究绿色信贷对生态经济发展的影响，得出与谢婷婷等相同的研究结论。

从上述文献可以看出，不少学者在绿色信贷对生态经济发展影响方面开展研究，但大多停留在证实绿色信贷对生态经济发展具有正向促进作用的层面，缺乏对绿色信贷支持生态经济产出效率的评估和分析。鉴于绿色信贷生态经济效率尚未形成成熟的评价体系，本书基于浙江节能环保与绿色转型行业 119 家上市公司的相关数据进行实证研究，运用 DEA 模型测度绿色信贷支持生态经济发展效率，分析影响效率生成的原因，并给出应对策略。

4.3.2　评价模型

1. DEA 评价方法

数据包络分析（data envelopment analysis，DEA）由美国运筹学家查恩斯等（Charnes et al.）在 1978 年率先提出，作为一种非参数分析方法，主要应用于评价那些多投入和多产出的决策单元之间的相对效率。数据包络分析方法的第一个模型被命名为 CCR 模型，假设决策单元在规模报酬不变的情况下用来衡量总效率；在 1984 年 BCC 模型被提出来，假设决策单元在规模报酬变动的情况下用来衡量纯技术效率和规模效率。

在中文科技期刊全文数据库中搜索"题名或关键字"为"效率、数据包络分析"的文献时，共找到了 5 570 篇相关文献。陆敏和王增武（2019）在计算中国各省碳管制效率时采用超效率 DEA 模型，进一步分析中国碳管制效率的地域区别。石健和黄颖利（2019）选取东北地区作为研究区域，运用超效率 DEA 模型和 Malmquist 指数测量东北地区生态资本效率的时空变化并对影响因素进行分析。孙钰等（2019）则从经济、社会和环境 3 个维度建立投入产出指标体系，并采用三阶段 DEA 模型研究中国 31 个不同地区 2016 年度环境保护投资效率情况。可见，DEA 方法在效率测度方面展现出独特优势，吸引众多研究者使用。目前 DEA 模型应用领域十分广泛，在区域经济、金融投资、政策规制、环境保护等效率评价研究中都有优异表现。

本节将数据包络分析方法作为浙江省绿色信贷支持生态经济发展效率的评价方法，因为它不仅适用于评价复杂系统的"多投入 – 多产出"问题，而且还能够适用于"单投入 – 多产出"的有效性综合评价问题，且运用 DEA 模型分析问题时不需要考虑指标权重，可以排除主观因素干扰，能够更客观地反映浙江省绿色信贷支持生态经济发展的效率水平。

2. 投入与产出指标选取

在确定效率评价方法后，需要建立相应的投入和产出指标体系。考虑到目前浙江省尚缺乏有关绿色信贷的官方统计数据，且能够获取的数据难以进一步细化，因此选取绿色信贷作为单一投入指标，不再进行分解。虽然 DEA 模型在以往研究中常用于"多投入－多产出"情形，但近年来也有不少学者将其用于"多投入－单产出"或者"单投入－多产出"情形，比如付志宇和严文宏（2017）在对长江经济带进行地方财政支出效率综合评价时，将"人均预算内的财政地方一般性财政支出"作为单一投入指标；段进东等（2017）在研究我国商业银行绿色信贷运营效率时，也只选用"绿色信贷"作为单一投入指标。因此，本节将"绿色信贷"作为单一投入指标具有适用性和合理性。

对于产出指标选择，本节在参考武赫（2015）、邱虹（2016）等研究成果的基础上，将产出指标体系分为生态产出系统和经济产出系统两大类。生态产出系统是指企业取得绿色信贷投入的资金后，在生产经营活动中仍然对环境造成的影响，主要表现在"三废"，即废气、废水以及固体废弃物的排放情况。在考虑到指标数据的可得性和同向性，保留"废水节排量"和"废气节排量"这两个指标体现绿色信贷支持减排环保的成效。经济产出系统是指通过绿色信贷融资方式，将资金引导到节能环保等绿色产业带来的经济效益，选取"绿色 GDP"作为经济产出指标。

4.3.3 实证分析

1. 数据来源和样本选取

目前金融机构公布的统计信息没有提供省级层面绿色信贷数据，

因此不能从商业银行角度对绿色信贷支持生态经济发展效率进行评价。但是，商业银行发放的绿色信贷归根到底会投入企业生产运营中。本节尝试从被投入企业角度获取实证数据，把目标企业从商业银行获得的贷款资金作为浙江省绿色信贷投入，这些企业在绿色信贷支持下产生的经营成果即为生态经济产出。考虑到商业银行通常会将绿色信贷更多地投向信用资质好的上市企业，将研究样本确定为浙江省生态经济关联的上市公司。目标企业主要来自两大类：一类是主营绿色环保类业务的企业，相应的信贷投入及经济产出可视为绿色信贷投入和生态经济产出；另一类属于浙江省重点关注的高污染物排放企业，由于这些企业为达到污染物排放标准而开展节能减排和绿色转型投资，相应投入和产出数据会按照其绿色环保业务在总业务中的占比进行计算获取。

实证数据主要来自上海证券交易所和深圳证券交易所公布的浙江省上市公司年度报告以及半年度报告，按照上述样本选取标准，共找到符合条件的 119 家目标企业作为研究样本。由于多数企业都是从 2017 年才开始在年报中详细披露排污信息，本节选取 2017～2019 年这个时间段为研究区间，以半年为时间单位分析绿色信贷支持生态经济发展效率演变趋势。对于年报中个别缺失的数据，本节采用插值法进行补充，保证数据完整性。

2. 时间演化分析

绿色信贷和绿色 GDP 这两个指标数据可一次性获取：绿色信贷资金投入额取自企业资产负债表长短期贷款金额之和，而绿色 GDP 金额即为企业利润表中的净利润值。由于年报中只给出主要污染物排放量，故废水节排量和废气节排量这两个指标数据无法直接获取，需要进行计算转换。废水节排量指标数据取自年报中每年废水许可排放量减去实际排放量的差值。年报中没有直接给出废水排放量的值，而是间接给出废水中化学需氧量以及氨氮排放值，为了使数据统一，需要将排放浓度转换为废水排放量的值再进行节排量计算。此外，根据年报中已给出数据，选取二氧化硫、氮氧化物以及烟尘排放量的总和作为该企业废气排放量，废气节排量同样为许可排放量减去实际排放量的差值。对 119 家目标企业年报中的数据进行预处理之后得到表 4 – 9 的结果。

表 4 – 9　　　　　　　　2017 ~ 2019 年研究样本数据

时间	投入指标	产出指标		
	绿色信贷（亿元）	绿色 GDP（亿元）	废水节排量（万吨）	废气节排量（万吨）
2017 年上半年	472.8	248.7	2 575.3	2.9
2017 年下半年	664.0	302.1	2 845.3	5.2
2018 年上半年	417.9	339.5	2 930.5	2.7
2018 年下半年	511.0	299.2	3 422.4	5.7
2019 年上半年	554.7	346.1	4 228.6	4.8

使用 DEAP2.1 软件，就表 4 – 9 中样本数据运用 CCR 模型计算 2017 ~ 2019 年浙江省绿色信贷的效率值，由于采用 CCR 模型运算出来的效率值是在假设规模效率不变的情况下输出的综合效率，具有一定局限性，即难以保证被考察的决策单元处于最优规模，可能存在规模无效率的情况。因此，本节基于 CCR 模型输出结果的基础上，再使用规模效率可变的 BCC 模型，将绿色信贷综合效率分解为纯技术效率和规模效率两个部分（综合效率 = 纯技术效率 × 规模效率），最后得到表 4 – 10 的输出结果。为了能够更直观反映浙江省近 3 年绿色信贷效率水平及其演变趋势，根据表 4 – 10 绘制了图 4 – 5。

表 4 – 10　　　　2017 ~ 2019 年浙江省绿色信贷 DEA 效率演变

时间	综合效率（CCR）	纯技术效率（BCC）	规模效率（CCR/BCC）	规模效应
2017 年上半年	0.775	0.897	0.841	递增
2017 年下半年	0.741	0.746	0.993	递增
2018 年上半年	1.000	1.000	1.000	不变

续表

时间	综合效率 （CCR）	纯技术效率 （BCC）	规模效率 （CCR/BCC）	规模效应
2018 年下半年	1.000	1.000	1.000	不变
2019 年上半年	1.000	1.000	1.000	不变
均值	0.903	0.929	0.967	

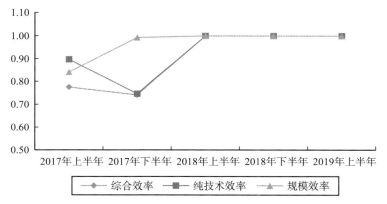

图 4 - 5　2017～2019 年浙江省绿色信贷 DEA 效率变化趋势

从图 4 - 5 可以看到，2017 年的效率值没有达到 1，为非 DEA 有效时间段，主要是因为在绿色信贷发展早期缺乏政府引导和扶持，使得各市场主体参与的积极性不高。从 2018 年开始到 2019 年上半年，其效率值都为 1，表明绿色信贷支持生态经济发展效率为 DEA 有效。DEA 有效的转折点发生在 2017 年下半年，主要因为浙江省在 2017 年 6 月份被国务院确定为东部地区绿色金融改革创新试验区，政策扶持和大力宣传使得浙江省绿色信贷迎来发展机遇。另外，可以看到浙江省 2017～2019 年绿色信贷支持生态经济发展效率总体上呈现上升趋势，说明近 3 年浙江省在绿色信贷支持下，生态经济整体朝着更加绿色、高效的方向发展。

纯技术效率反映在现有技术水平条件下，技术创新带来的绿色信贷资源配置和利用效率。单从纯技术效率看，2018 年以及 2019 年纯技术效率值都为 1，实现了 DEA 有效。但相较于 2017~2019 年整个区间的规模效率均值，纯技术效率均值偏低，对绿色信贷支持生态经济发展效率贡献度相对较小，说明浙江省在绿色信贷人才配备与产品服务创新等方面还存在着一定发展空间。

规模效率用于衡量规模的有效性，即被考察的决策单元投入与产出同比例增长，是否达到最佳规模。从图 4-5 可以看出，相较于综合效率以及纯技术效率，规模效率处于较高水平，呈现逐步递增并于 2018 年上半年达到最佳规模的态势。这说明绿色信贷在初始阶段由于投入资金量较小使得规模效应不显著，随着政策支持力度的加大，投入到绿色信贷中的资金量在不断递增，使得规模效应逐步递增并达到最佳水平。从 2018 年起，浙江省绿色信贷活动已经在最佳规模下进行，且规模报酬不变。

3. 行业差异分析

（1）浙江省生态经济关联行业效率差异对比。

虽然浙江省近 3 年绿色信贷支持生态经济发展效率总体呈上升趋势，但这仅能反映不同时间段的对比结果。为了深入分析绿色信贷效率的行业差异性，需要比较近 3 年浙江省不同行业效率水平（见表 4-11），才能提出针对细分行业的具体改进建议。

表 4-11　　2017~2019 年浙江省生态经济关联行业研究样本数据

行业	投入指标	产出指标		
	绿色信贷（亿元）	绿色 GDP（亿元）	废水节排量（万吨）	废气节排量（万吨）
节能环保	148.9	120.4	6 124.6	3.9
医药卫生	147.6	264.1	3 118.4	1.0
能源化工	1 621.6	513.1	5 299.3	14.8
机械设备制造	273.0	329.7	532.8	0.4

行业	投入指标	产出指标		
	绿色信贷（亿元）	绿色 GDP（亿元）	废水节排量（万吨）	废气节排量（万吨）
食品制造	49.6	84.6	410.2	0.2
纺织服装	361.8	192.1	454.2	0.4

根据浙江省绿色转型行业节能减排特征，并兼顾传统行业划分标准，将绿色转型行业细分为医药卫生、能源化工、机械设备制造、食品制造以及纺织服装 5 个行业，再加上节能环保行业，将以上 6 个行业作为生态经济关联行业，下面将进一步对其绿色信贷效率加以对比研究。

根据表 4 - 12 的运算结果，可以发现，节能环保和医药卫生行业的综合效率值均为 1，即为 DEA 有效行业，表明这两个行业绿色信贷投入能有效地支持生态经济产出。其他 4 个行业综合效率值都没有达到 1，为非 DEA 有效行业。绿色信贷支持生态经济发展效率值从大到小的排名分别为食品制造行业、机械设备制造行业、能源化工行业以及纺织服装行业。这 6 个行业效率均值约为 0.715，表明浙江省生态经济关联行业总体上没有实现最优效率。

表 4 - 12 　　　　2017～2019 年浙江省生态经济关联行业
绿色信贷 DEA 效率对比

行业	综合效率（CCR）	纯技术效率（BBC）	规模效率（CCR/BBC）	规模效应
节能环保	1.000	1.000	1.000	不变
医药卫生	1.000	1.000	1.000	不变
能源化工	0.365	1.000	0.365	递减
机械设备制造	0.675	1.000	0.675	递减
食品制造	0.953	1.000	0.953	递增

续表

行业	综合效率 （CCR）	纯技术效率 （BBC）	规模效率 （CCR/BBC）	规模效应
纺织服装	0.297	0.299	0.991	递增
均值	0.715	0.883	0.831	

进一步观察 4 个非 DEA 有效行业，能源化工、机械设备制造以及食品制造行业的纯技术效率为 1，而综合效率没有达到 DEA 有效，主要原因是它们的规模效率较低，使得绿色信贷投入没有实现应有的规模效应；纺织服装行业综合效率之所以低于整体均值，主要是因为它的纯技术效率值很低，说明绿色信贷没能有效促进纺织服装行业实现绿色转型，该行业技术创新能力不足，难以满足绿色转型需要。

（2）非 DEA 有效行业改进潜力分析。

针对上述 4 个非 DEA 有效的行业，需要对输出结果进行投入冗余及产出不足分析，估算距离理想值的差额，减少多少绿色信贷资金投入量或者增加多少生态经济产出量才能使得该行业的生态经济发展效率达到 DEA 有效。通过投入冗余及产出不足的分析，能够帮助了解这些非 DEA 有效的行业在未来哪些方面可以得到进一步改善，并为能够更加有针对性地提出建议提供支撑和依据。表 4 - 13 为 4 个非 DEA 有效行业需要改进的数据表。

表 4 - 13　　　　　　　　　非 DEA 有效行业的改进潜力

序号	投入/产出指标	原值	理想值	潜力值	百分比（%）
	能源化工	0.364715			
	绿色信贷（亿元）	1 621.6	591.4218	- 1 030.178	- 63.53
1	绿色 GDP（亿元）	513.1	513.1	0	0.00
	废水节排量（万吨）	5 299.3	23 615.067	18 315.767	345.63
	废气节排量（万吨）	14.8	14.8	0	0.00

序号	投入/产出指标	原值	理想值	潜力值	百分比（%）
2	机械设备制造	0. 6749541			
	绿色信贷（亿元）	273	184. 26248	− 88. 737524	− 32. 50
	绿色 GDP（亿元）	329. 7	329. 7	0	0. 00
	废水节排量（万吨）	532. 8	3 892. 9817	3 360. 1817	630. 66
	废气节排量（万吨）	0. 4	1. 2483908	0. 8483908	212. 10
3	食品制造	0. 9532496			
	绿色信贷（亿元）	49. 6	47. 281181	− 2. 3188186	− 4. 68
	绿色 GDP（亿元）	84. 6	84. 6	0	0. 00
	废水节排量（万吨）	410. 2	998. 92707	588. 72707	143. 52
	废气节排量（万吨）	0. 2	0. 3203332	0. 1203332	60. 17
4	纺织服装	0. 2967405			
	绿色信贷（亿元）	361. 8	107. 3607	− 254. 4393	− 70. 33
	绿色 GDP（亿元）	192. 1	192. 1	0	0. 00
	废水节排量（万吨）	454. 2	2 268. 2493	1 814. 0493	399. 39
	废气节排量（万吨）	0. 4	0. 727376	0. 327376	81. 84

从表 4 - 13 可以看出，这 4 个 DEA 无效行业都出现绿色信贷资金存在冗余，废气、废水实际节排量小于目标值的情况，说明这些行业均存在不同程度的投入过多与产出不足。比较这 4 个非 DEA 有效行业效率改进潜力，生态经济产出要高于绿色信贷资金投入，表明这些行业今后工作重点应放在提高生态经济产出方面。

从绿色信贷资金投入角度来看，要想达到预期的绿色信贷支持生态经济发展的效率水平，在原有的生态经济产出不变的情况下，需要减少绿色信贷资金投入额。具体来说，能源化工行业绿色信贷资金投入额需要在原有基础上减少 63. 53%，机械设备制造行业需要减少 32. 50%，食品制造行业需要减少 4. 68%，纺织服装行业则需要减少 70. 33%。

从生态经济产出角度来看，为了使投入的绿色信贷资金使用效率达到有效，各行业对废水排放的治理幅度要大于废气排放的治理（见图4-6）。就废水节排量来说，为了达到预期效率值，能源化工行业需要在原来基础上增加345.63%，机械设备制造行业需要增加630.66%，食品制造行业需要增加143.52%，纺织服装行业需要增加399.39%；从废气节排量角度看，能源化工行业已达到排放要求，机械设备制造行业需要在原来排放基础上增加212.10%，食品制造行业需要增加60.17%，纺织服装行业则需要增加81.84%。

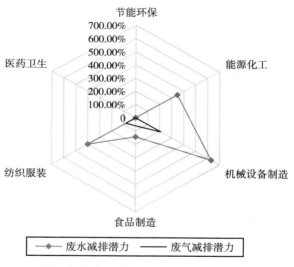

图4-6　浙江省生态经济关联行业废水及废气的减排潜力

4.3.4　结论和建议

通过实证分析，可以发现浙江省近3年绿色信贷支持生态经济发展效率呈现整体上升趋势，从生态经济关联行业来看，不同行业发展效率存在很大差异，提升空间很大。节能环保和医药卫生行业要继续保持高水平；机械设备制造、能源化工、食品制造以及纺织服装行业虽然在经济系统产出方面已经达到有效水平，但是在生态系统产出方面，特别是污染物排放控制上，需要加大改进力度。只有生态经济关联行业共同努力，才能使得浙江省绿色信贷支持生态经济发展效率整体水平趋向更优。

第一，发挥政策导向作用，激励市场主体投身绿色发展。通过对浙江省绿色信贷整体发展情况分析，可以看到开始阶段的效率水平较低，这主要是由于绿色项目具有投资时间长、前期回报率低等特点，使得逐利的各市场主体在初期阶段参与积极性不高。因此，在绿色信贷发展的早期阶段，国家和地方政府政策导向与支持显得尤为重要。浙江省政府部门应在现有支持绿色信贷发展的政策基础上，进一步利用财政和税收补贴等激励措施来改善当地绿色信贷投资环境，鼓励企业开展绿色项目投资，以绿色信贷发展有力支持节能环保产业发展和传统产业实现绿色转型升级，走出一条经济发展和生态保护共赢的绿色信贷发展之路。

第二，健全企业绿色信贷使用监管与违规处罚制度。浙江省金融服务机构投入到能源化工、机械设备制造等 4 个非 DEA 有效行业的绿色信贷总额并不比投入到节能环保以及食品制造行业的少，但是资金使用效率却不达标，主要表现在污染物排放控制没有达到预期效果，使得绿色信贷支持生态经济发展效率过低。因此，浙江省政府应该联合当地金融机构、环保部门以及行业协会等开展密切合作，发挥各自优势，跟踪监管企业绿色信贷资金运用、绿色项目运作以及污染物排放等情况，建立绿色信贷负面清单，提高申请门槛，对违规企业采取严厉处罚措施，如停止或提前收回绿色信贷资金、拉入信贷黑名单以及行政处罚等。

第三，创新发展多层次、多样化的绿色信贷产品。浙江省民营经济发达，民营企业遍布各个行业，占有很大比重。通过研究发现，多数行业绿色信贷支持生态经济发展效率没有达到有效水平，主要是因为民营企业对于绿色信贷产品存在着多样化需求，而目前绿色信贷产品形式较为单一，无法满足企业日益多样化的绿色投资需求。浙江省应联合国家相关部门创新绿色信贷产品实现形式，包括排污权、碳排放权、森林碳汇等抵押融资形式，以及特许经营权、公益林收益权、股权等质押融资形式的多种绿色融资模式，针对各行业发展特色开展新型绿色信贷业务，满足不同类型企业个性化需求，为企业绿色发展提供全面资金支持。

第四，加大人才培养和技术投入力度。通过上述研究发现相比较规模效率，纯技术效率对浙江省绿色信贷支持生态经济发展效率的贡献度相对较小，说明浙江省绿色信贷的发展在人才技术配备以及发挥等方面还存在着较大的发展空间；此外在行业差异性分析中，纺织服装行业的综合效率值低也是因为其纯技术效率水平低下。在绿色信贷业务运行的各个环节中，像是相应指标数据的获取以及绿色信贷项目运营过程中的监督都需要高水平、高素质的复合型人才跟进以及专业技术设备的辅助，因此要想提升浙江省的绿色信贷发展业务，必须重视专业工作人员的技能和素质培养，以及加大相关技术研发的资金投入，以期打造出高效处理绿色信贷业务的专业团队，推动浙江省绿色信贷支持生态经济的长期发展。

4.4 小　　结

浙江省为缓解经济发展与生态保护之间的矛盾，积极发挥绿色信贷在企业节能减排和经济绿色发展中的支持作用。本书搜集 2017～2019 年浙江省节能环保与绿色转型行业 119 家上市公司数据，运用DEA 模型分析绿色信贷支持生态经济发展的效率水平。结果表明：浙江省绿色信贷支持生态经济发展效率总体上逐步提高；节能环保和医药卫生行业能吸引到足够多的绿色信贷投入，且产出效率高；能源化工、机械设备制造、食品制造以及纺织服装等行业的绿色信贷没能发挥应有效率水平，主要原因是节能减排未能达到预期目标。

第 5 章

绿色金融推动浙江实体经济
高质量发展的作用路径

党的十九大报告指出"金融是实体经济的血脉，金融的宗旨和天职就是为实体经济服务"，脱离了实体经济的金融是摇摇欲坠的，失去了金融的支持，实体经济也将无法扩大增长，只有两者紧密相连，才能具备长久发展的条件。为了达成我国提出的"3060"环境目标，经济发展方式由高速转变为高质量发展显得尤为重要。2017年6月国务院七部委联合印发《浙江省湖州市、衢州市建设绿色金融改革创新试验区总体方案》，侧重金融支持绿色产业创新升级和传统产业绿色改造转型，提出构建绿色金融组织体系、加快绿色金融产品和服务方式创新、拓宽绿色产业融资渠道等 10 项主要任务，计划通过 5 年左右，实现试验区绿色融资规模较快增长，"两高一剩"行业（高污染、高能耗资源性行业与产能过剩行业）融资规模逐年下降，绿色贷款不良贷款率不高于小微企业贷款平均不良贷款率水平等目标。绿色金融已成为推动浙江实体经济高质量发展的重要资源，而实体经济高质量转型也需要金融体系"绿色化"融资条件的倒逼，探讨两者之间的内在机理，特别是绿色金融如何推动实体经济高质量发展显得尤为重要。一方面，绿色金融促进并支持金融工具和相关服务的流动，以制定和实施可持续的商业模式，投资，贸易，经济，环境和社会项目及政策。由于金融部门促进可持续经济发展、管控金融风险的同时也在投资导向实体经济方面发挥着关键作用，因此需要明晰绿色金融与金融工具之间的关系。另一方面，高质量发展的目标也离不开五大新发展理念的指引，先进的理念才能指引正确的发展道路，五大发展理念是我党在结合我国实际发展情况，通过牢牢把握时代脉搏所提出中国经验的阶段性总结，具备人民性、历史性、发展性、整体性、实践性以及非常重要的指导意义。因此，本章旨在从贯彻五大新发展理念的视角探究绿色金融推动浙江实体经济高质量发展的内在机理。

5.1　研　究　综　述

5.1.1　绿色金融的概念

绿色金融是指金融部门将环境因素作为企业融资的一项考虑要素，要求企业在金融经营的活动中注重对自然环境的保护以及在生产经营中从根本上减少环境污染物的排放，作为我国的一项金融政策，绿色金融可以最大限度地合理配置和引导有限的资源流向环保方向（Yu Gan & Yichuan Bu，2020），其最终目标是实现经济社会和自然社会的可持续发展。

王和智强（Yao Wang & Qiang Zhi，2016）认为，绿色金融是一种将保护环境和资源可持续利用作为目标的新型金融模式，是一种将金融、商业与环境相结合的现象友好的行为，绿色金融更加强调生态环境效益，更加重视环保产业。默德和卡萨尔（Sharif Mohd & Vijay Kumar Kaushal，2018）较为深入的研究得出绿色金融是实现经济与自然之间契约的解决方案，绿色金融被认为是绿色发展的货币手段。萨奇斯和杰弗里等（Sachs & Jeffrey D. et al.，2019）将实现可持续发展目标的新的金融工具和新的政策统称为绿色金融，如财政政策，绿色债券，金融技术，绿色中央银行，碳市场工具，绿色银行，基于社区的绿色基金等。绿色融资意味着在提供资金的同时提高资源效率，减少对环境和全球气候的影响（M. V. Dubrova et al. ，2021）。张和王（Zhang Bufan & Wang Yifeng，2019）认为，绿色金融发展是一个综合性体系，与经济、环境、金融活动 3 个方面相互关联。

实际上，众多学者关于绿色金融的研究都表明了绿色金融从多方面推动实体经济的高质量发展，是帮助社会更加稳健发展的重要助推器。

5.1.2　高质量发展的内涵

习近平总书记在党的十九大报告中指出，我国社会主要矛盾由过去的"人民日益增长的物质文化需要同落后的社会生产之间的矛盾"转变为"人民日益增长的美好生活需要和不平衡不充分的发展之间的矛盾"。正是在社会主要矛盾的转变下，中国共产党在第十九次全国代表大会上顺应提出"高质量发展"的要求，表明中国经济发展放弃了以往一味地追求高速增长而不计代价的阶段，转变为经济社会和自然环境的高质量发展阶段。高质量发展成为中国经济持续健康发展的必然要求（Wentao Gu et al. ，2020）。

刘等（Liu Yun et al. ，2021）认为，经济高质量发展是创新驱动型经济的增长方式，是环保型、节能型、高效型、创新型、高附加值的增长方式。金碚（2018）认为，高质量发展以经济发展能否满足人民日益增长的美好生活需要即人的全面发展为判断准则。赵剑波等（2019）认为，高质量发展既是发展观念的转变，也是增长模式的转型，更是对民生水平的关注。王永昌和尹江燕（2019）认为，高质量发展是一种投入少的生产要素、资源高效配置、成本低的资源环境、效益优良的经济社会的可持续发展。

5.1.3　绿色金融与高质量发展的关系

在探讨绿色金融和经济高质量发展之间关系方面，众学者都认可绿色金融能够促进地区经济高质量发展。一部分学者注重于研究绿色金融如何影响经济高质量发展。杨等（Yang Yuxue et al.，2021）探讨绿色金融与高质量经济发展之间的关系得出结论：绿色金融通过对生态环境、经济效益和经济结构 3 个方面产生积极影响，全面促进经济高质量发展。张等（Zhang Dongyang et al.，2021）研究发现，绿色能源技术的公共支出促进了可持续的绿色经济发展。还有部分学者从区域出发探讨不同区域绿色金融对于高质量发展的促进效率。绿色金融对经济水平不同地区包容性经济增长的影响不同，绿色金融对经济发展水平较低的中西部地区包容性经济增长比经济水平较高的东部地区影响更为显著（Wang Xuxia & Wang Shanshan，2020）。塔迪瓦纳舍（Muganyi Tadiwanashe，2021）利用 2011 ~ 2018 年来自 290 个城市的文本分析和面板数据研究发现：中国绿色金融相关政策在审查期间显著减少了工业气体排放，中国有望成为绿色金融政策实施的全球领导者，监管机构需要加快制定绿色金融产品，增强金融机构提供绿色信贷的能力。徐政等（2021）指出，需要扩大绿色需求以牢固高质量发展的外部支撑。

5.2　理论框架与研究假设

根据金融发展理论可知，金融体系与经济发展之间存在相互推动和相互制约的关系。实体经济作为经济发展的重要基石，直接关系到国家与社会经济体系的长久运行，在我国经济发展新常态及经济结构转型升级的趋势之下，经济发展的关键落脚点必须是实体经济的发展。而绿色金融的深远发展则是以实体经济的需求为导向，一方面，绿色金融通过引导金融机构的资金流向节约资源、生态环境保护和技术创新的产业进而影响企业注重绿色环保，改进落后的生产方式，使得企业放弃传统的"高投入、高消耗、高污染、低效益"的经济增长方式，转变为高效环保绿色的经济发展方式；另一方面，绿色金融有助于解决环保产业技术力量不够、企业实力不强的问题。我国的环保产业历经 40 多年的发展历程却仍处于发展初期阶段，由于没有高精尖的技术投入导致环保产业的发展基础薄弱。在绿色金融吸引到足够的资金之后，相关企业也逐渐意识到技术创新对于行业发展的重要性，不断研发新技术、新工艺，大力降低原材料和能源消耗，提高整个产业的技术性，实现少投入、低污染、高产出、高技术的生产模式。绿色金融通过改变企业的市场发展环境和企业的生产方式，推动生产资源的高效配置，实现经济的高质量发展。据此提出第 1 个研究假设。

H1：绿色金融能够推动实体经济高质量发展。

产业结构是一个国家和地区经济增长的主导力量，产业结构的优化升级就是将产业的发展重心从第一产业向第二产业和第三产业转移的过程，我国现已呈现"三二一"的产业结构发展。在产业结构合理化的基础之上，追求卓越化逐渐成为各地区的发展目标。绿色金融为产业结构升级提供必要的资金支持，通过差异化定价放宽绿色产业的融资条件，为其降污减排提供资金保障，提高污染产业的融资的限制，引导其退出市场或调整发展模式，有效控制高排放企业的无序扩张。绿色金融在推动产业结构升级转型的过程中也对绿色产业和高污产业进行整合，绿色产业可以借鉴高污染、高耗能产业的发展经验，而高污染、高耗能的产业可以通过对绿色产业的支持和帮助转变自身，突破发展桎梏。产业之间的有效整合可以在更大范围中实现资源最优化配置，完善市场体系，增加规模效应，凸显竞争优势。加速推动我国的产业结构转型升级是促进经济高质量发展的重要途径，同时产业结构必须和金融体系完美结合、高度匹配、深度融合、良性互动，才能最大限度地发挥金融对于经济高质量发展的强有力的支撑作用。据此提出第 2 个研究假设。

H2：绿色金融通过促进产业结构升级推动经济高质量发展。

科技作为社会发展的第一生产力在经济发展中发挥着至关重要的作用，作为引领经济高质量发展的核心是毋庸置疑的，企业采用科技创新技术不但可以节省生产成本、减少生产资源的浪费、降低生产过程的废料排放，还可以提高产品的质量，以及劳动生产率的高效利用。科技为企业和市场注入了新的动力，极大地推动了社会的进步。但是对于科技研发本身所具有的风险大、周期长、前期投入大的特点，直接导致企业面临着资金不足无法顺利开展以及接受外部的投资融资难度大的问题。绿色金融则是提供完善的融资渠道，通过吸引大量资金助力企业科技创新能力、提高企业科技水平、增加科研人员和科研投入，解决企业因科技投入及资金短缺而导致的科技发展能力不足的困境。绿色金融和科技创新的有机结合能够提升绿色企业的金融服务能力，从生产根源有效利用社会资源，同时企业通过研发更加绿色环保的材料或者是回收及再生产技术进而提高资源的利用率，减少额外的资源消耗，实现可持续发展。据此提出第 3 个研究假设。

H3：绿色金融通过提升企业科技水平推动经济高质量发展。

5.3　研究设计

5.3.1　模型设定

基于上述理论分析，构建以下回归模型来判断绿色金融对浙江省实体经济高质量发展的内在机理研究：

$$Hiqua_t = \beta_0 + \beta_1 Input_t + \beta_2 Control_t + \lambda_i + \eta_t + \varepsilon_{it} \qquad (5-1)$$

其中，$Hiqua_t$ 表示浙江省 t 年的高质量发展水平；$Input_t$ 表示浙江省 t

年的绿色金融发展水平；$Control_t$ 为控制变量的集合，包括产业结构、环境政策、经济发展水平（GDP）、绿色技术；λ_i 表示地区固定效应，η_t 表示年份固定效应，ε_{it} 为随机扰动项。

同时为了检验绿色金融对于经济高质量发展的具体路径，将高质量发展的指标也纳入回归模型：

$$Index_t = \beta_0 + \beta_1 Input_t + \beta_2 Control_t + \lambda_i + \eta_t + \varepsilon_{it} \qquad (5-2)$$

其中，$index_t$ 分别表示浙江省在年份 t 时的创新发展、协调发展、绿色发展、开放发展和共享发展的水平，其他变量与模型（1）相同。

5.3.2　指标选择

1. 被解释变量：高质量发展水平

我国经济发展由高速增长到高质量发展的转变与"十三五"时期提出的"五大发展理念"相契合，因此以新时代的"五大发展理念"——创新、协调、绿色、开放、共享为指引，构建经济高质量发展综合评价指标体系，对我国的经济发展质量进行评价。针对上市公司的数据获取和测算，故将上市公司发明专利拥有量、绿色 GDP、能源排放减少量、出口贡献率、人均 GDP 作为指标衡量浙江省实体经济高质量发展水平二级指标。

熵权法基于各评价指标的原始检测值与其分配权重相乘，得到数值即为高质量发展水平指数（见表 5 - 1）。

表 5 - 1　　　　　　　　高质量发展水平的变量定义及衡量

目标层面	理念层面	指标层面	单位	指标属性
经济高质量发展	创新发展	科技创新总含量	T	+
		研发费用投入	亿元	+
		研发人员投入	万人/年	+

目标层面	理念层面	指标层面	单位	指标属性
经济高质量发展	协调发展	工业总产值	亿元	+
		净利润	亿元	+
		亏损企业占比	%	−
	绿色发展	废水排放总量	万吨	−
		废气排放总量	亿标准立方米	−
		工业固体废物综合利用率	%	+
	开放发展	进出口总额	亿元	+
		外商投资占比	%	+
		对外投资数量	家	+
	共享发展	应交税费	亿元	+
		平均用工人数	万人	+
	经济增长	营业收入规模	亿元	+
		人均 GDP	元	+

2. 解释变量：绿色金融水平

融资规模指的是实体经济从金融体系获得的资金总额，融资规模越大，越能说明实体经济从金融机构获得的资金越多，越有利于社会生产。上市公司的融资情况反映了上市公司未来的发展情况，能否获得稳定的资金来源及时筹集到生产要素组合所需要的资金影响着企业发展的步伐。

浙江省人民政府在 2017 年首次提出"凤凰行动"计划，催生一批浙江本地优秀企业的上市潮，使得浙江全省境内上市公司总数突破 500 家，取得了显著的成果。2021 年"凤凰行动"迎来了升级 2.0 版。浙江省人民政府提出在上市公司数量和质量方面：到 2025 年末，全省境内外上市公司达到 1 000 家，资本市场融资累计达到 2.5 万亿元。融资反映了金融对于实体经济的支持。因此，本节选择浙江省绿色企业融资额作为衡量上市公司绿色金融发展质量的核心指标。

3．中介变量

产业结构：绿色金融和传统金融行业本身属于第三产业。产业的优化升级会改变资源利用结构，并提高经济产出价值，从而改善生态效率。因此，要促进第三产业的发展对于提高生态效率具有重要作用。本节选择第三产业增加值指数在浙江省生产总值占比衡量产业结构。

科技发展：科学技术是第一生产力。科技创新水平的提高对于经济高质量发展有着重要影响，科技创新水平越高，其经济发展方式高质量程度也就越高。因此要着力发挥科技创新在经济发展中的作用。本节将浙江省专利授权量（万项）合计作为科技发展指标。

4．控制变量

环境政策：环境政策对经济高质量发展有着显著的影响，环境政策力度收紧对经济增长产生显著的负面效应。适当的环境政策和执行处罚力度一定程度上代表着政府对于经济发挥调节作用的大小，过度的管控制度会导致上市公司在发展过程中出现适得其反的结果。本节选择政府查处环境违法案件数量（千件）衡量浙江省环境政策水平。

经济发展水平：经济发展水平是评价经济高质量发展的直接因素，经济发展水平越高的地区更加追求稳定健康的发展方式，对于其高质量发展的结果评价也更具说服力。本节选取浙江省 GDP（万亿元）反映经济发展水平情况。

5.3.3　数据来源

高质量发展相关的指标数据来源于浙江省各上市公司披露年报。绿色金融水平指标来源于浙江省绿色企业披露 2016～2020 年企业年报，其余变量数据来源于《浙江省统计年鉴》和《浙江省生态环境状况公报》。各数据的描述性统计如表 5 - 2 所示。

表 5 - 2　　　　　　　　　　　描述性统计

变量	样本量	最大值	最小值	平均值	标准差
高质量发展指数	145	153.116	53.41	73.026	18.136
绿色金融水平	145	277.27	0.638	23.056	39.654
产业结构	145	109.6	104.1	107.968	1.988
环境政策	145	18.611	7.107	13.547	4.394
经济发展水平	145	6.461	4.725	5.694	0.642
科技发展	145	39.17	21.38	27.629	6.22

5.4　实证分析

5.4.1　相关性分析

为了验证各变量之间的关系，对各变量的 Person 相关性进行检验。由表 5 - 3 可知，高质量发展指数与绿色金融水平的单变量回归系数是 0.879，呈现了这种变量之间极强的正相关关系。高质量发展指数与产业结构、环境政策、经济发展水平和科技发展的单变量回归系数分别是 0.349、0.345、0.456、0.499，均呈现正相关关系。其中绿色金融水平和科技发展在 1% 的显著性水平下依旧与上市公司的高质量发展呈现较大的相关性，也验证了研究假设 H3，即绿色金融能够提升企业科技水平促进经济高质量发展。

表 5 - 3　　　　　　　　　　　相关性分析结果

变量	高质量发展指数	绿色金融水平	产业结构	环境政策	经济发展水平	科技发展
高质量发展指数	1.000 (0.000***)	0.879 (0.000***)	0.349 (0.000***)	0.345 (0.000***)	0.456 (0.000***)	0.499 (0.000***)
绿色金融水平	0.879 (0.000***)	1.000 (0.000***)	0.261 (0.002***)	0.296 (0.000***)	0.350 (0.000***)	0.414 (0.000***)
产业结构	0.349 (0.000***)	0.261 (0.002***)	1.000 (0.000***)	0.151 (0.070*)	0.876 (0.000***)	0.661 (0.000***)
环境政策	0.345 (0.000***)	0.296 (0.000***)	0.151 (0.070*)	1.000 (0.000***)	0.168 (0.043**)	0.167 (0.044**)
经济发展水平	0.456 (0.000***)	0.350 (0.000***)	0.876 (0.000***)	0.168 (0.043**)	1.000 (0.000***)	0.841 (0.000***)
科技发展	0.499 (0.000***)	0.414 (0.000***)	0.661 (0.000***)	0.167 (0.044**)	0.841 (0.000***)	1.000 (0.000***)

注：***、**、* 分别代表1%、5%、10%的显著性水平。

5.4.2　回归分析

从 F 检验的结果分析可以得到，显著性 P 值为 0.0**，水平上呈现显著性，拒绝回归系数为 0 的原假设，同时模型的拟合度 R^2 为 0.806，模型表现较好，因此模型基本满足要求，对于变量共线性表现，VIF 全部小于10，因此模型没有多重共线性问题，模型构建良好（见表 5 - 4）。

表 5 – 4　　　　　　　　　　　　线性回归分析结果

线性回归分析结果 n = 145

变量	非标准化系数		标准化系数	t	p	VIF	R^2	调整 R^2	F
	B	标准误	Beta						
常数	76.82	67.09	—	1.145	0.254	—	0.806	0.799	F = 115.598 P = 9.8653
绿色金融水平	0.36	0.019	0.788	18.577	0.000 ***	1.291			
产业结构	- 0.45	0.741	-0.05	- 0.611	0.542	4.732			
环境政策	0.33	0.157	0.083	2.114	0.036 **	1.103			
经济发展水平	4.93	3.312	0.168	1.487	0.139	9.11			
科技发展	0.15	0.216	0.05	0.679	0.499	3.932			

因变量：高质量发展指数

注：*** 、** 、* 分别代表 1%、5%、10% 的显著性水平。

5.4.3　中介机制的检验

前文分析表明，绿色金融很可能通过产业结构和科技发展对实体经济高质量发展产生作用，为了检验上述中介效应是否存在，本节使用乘积系数检验法，即使用 Bootstrap 抽样法进行中介作用检验。

由表 5 – 5 可知，产业结构和科技发展在绿色金融推动经济高质量发展的过程中发挥了部分中介的作用。由表 5 – 6 具体可知道，绿色金融通过 4.028% 的产业结构和 58.898% 的科技发展去影响实体经济高质量发展，剩余部分则是自己直接去影响。

表 5 - 5　　　　　　　　　　　中介效应模型检验

变量	高质量发展指数	产业结构	科技发展	高质量发展指数
常数	122. 884 ** （96. 039）	107. 880 ** （637. 543）	26. 039 ** （53. 712）	－ 31. 990 （ － 0. 794）
绿色金融水平	0. 272 ** （10. 707）	0. 011 ** （3. 413）	0. 081 ** （8. 365）	0. 101 ** （5. 645）
产业结构				0. 955 * （2. 479）
科技发展				1. 990 ** （14. 793）
样本量	160	160	160	160
R^2	0. 420	0. 069	0. 307	0. 804
调整后的 R^2	0. 417	0. 063	0. 303	0. 800
F 值	F （1 158） = 114. 635， p = 0. 000	F （1 158） = 11. 651， p = 0. 001	F （1 158） = 69. 969， p = 0. 000	F （3 156） = 213. 232， p = 0. 000

注：＊p < 0. 05，＊＊p < 0. 01，括号里面为 t 值。

表 5 - 6　　　　　　　　　中介作用效应量结果

项	检验结论	c 总效应	a * b 中介效应	c′ 直接效应	效应占比 计算公式	效应占比
绿色金融水平 = > 产业结构 = > 高质量发展指数	部分中介	0. 272	0. 011	0. 101	a * b/c	4. 028%
绿色金融水平 = > 科技发展 = > 高质量发展指数	部分中介	0. 272	0. 160	0. 101	a * b/c	58. 898%

5.4.4 稳健性检验

为了保证研究结论的稳健性，本节使用不同的高质量发展指数和绿色金融水平分别作为解释变量和被解释变量，对模型进行深入分析。由表 5 – 7 可以看出，绿色金融水平和各变量对于不同高质量发展指数的稳健性检验结果均与前文测试结果未产生太大变化，这说明绿色金融能够促进浙江经济高质量发展的结论不是偶然的，而是具有一定的可信度的。

表 5 –7 不同高质量发展指数的稳健性检验结果

变量	高质量发展指数 1	高质量发展指数 2	高质量发展指数 3
绿色金融水平	0.865 （0.000 ***）	0.865 （0.000 ***）	0.879 （0.000 ***）
产业结构	0.343 （0.000 ***）	0.369 （0.000 ***）	0.381 （0.000 ***）
环境政策	0.423 （0.000 ***）	0.337 （0.000 ***）	0.359 （0.000 ***）
经济发展水平	0.398 （0.000 ***）	0.484 （0.000 ***）	0.448 （0.000 ***）
科技发展	0.583 （0.000 ***）	0.501 （0.000 ***）	0.506 （0.000 ***）

注：***、**、*分别代表1%、5%、10%的显著性水平。

5.4.5 进一步检验

为了进一步了解绿色金融对于高质量发展不同方面的影响，特构建详细指标并将其代入模型进行分析。由表 5 – 8 可知：绿色金融对于绿色发展和创新发展影响较大，即绿色金融通过对创新、绿色的影响从而进一步对经济高质量产生较大的影响。相比之下虽然绿色金融对于协调发展和经济增长的回归系数为较小正数，但是也不可忽略其对于高质量发展的作用。一方面，绿色金融作为顺应习近平总书记在党的十九大报告中提出的"必须树立和践行绿水青山就是金山银山"理念的具有时代意义的金融发展模式，其短暂的发展时间在生态环境保护和减少高耗能、高污染企业的排放取得了显著成果。另一方面，绿色金融所涵盖的范围十分广泛，本章仅选取在沪深上市公司方面的数据来论证绿色金融对于浙江省经济高质量发展的作用，在对上市公司的深远影响之外，绿色金融还促进了金融服务业更多地将重点引导至环境友好方面，最终助力了金融服务业本身的可持续发展和社会的可持续发展。

表 5 - 8　　　　绿色金融与创新发展、协调发展、绿色发展、
开放发展、共享发展的检验结果

变量	创新发展	协调发展	绿色发展	开放发展	共享发展	经济增长
绿色金融水平	0.769 (0.000 ***)	0.146 (0.080 *)	0.670 (0.000 ***)	0.507 (0.000 **)	0.562 (0.000 ***)	0.185 (0.026 **)
产业结构	0.246 (0.003 ***)	0.107 (0.199)	0.432 (0.000 ***)	0.142 (0.089 ***)	0.106 (0.203)	0.326 (0.000 ***)
环境政策	0.303 (0.000 ***)	0.193 (0.020 **)	0.351 (0.000 ***)	0.071 (0.396)	0.236 (0.004 ***)	0.226 (0.006 ***)
经济发展水平	0.341 (0.000 ***)	0.155 (0.063 *)	0.545 (0.000 ***)	0.077 (0.355)	0.104 (0.213)	0.402 (0.000 ***)
科技发展	0.382 (0.000 ***)	0.173 (0.038 **)	0.541 (0.000 ***)	0.017 (0.839)	0.040 (0.631)	0.382 (0.000 ***)

注：*** 、** 、* 分别代表 1% 、5% 、10% 的显著性水平。

本章根据企业性质将样本企业细分为绿色企业、科技企业、其他

企业 3 个子样本，检验在不同性质的企业下绿色金融对于实体经济的匹配度。绿色企业主要选取样本集中关于污染治理、环保检测、其他自然保护方面的上市企业，科技企业选取企业科技创新总含量超过200T 的样本，剩余企业则归为其他企业。绿色金融与绿色企业子样本用于检验绿色金融对企业经济增长质量的稳定性，与科技企业和其他企业的子样本用于检验绿色金融对不同企业科技发展能力高质量水平的影响。由表 5 - 9 可以看出：绿色企业的高质量发展主要受到绿色金融水平以及产业结构的影响，受环境政策影响较小，因为绿色企业本身是有利于环保发展，在生产经营活动中也会有意减少污染的发生。而科技型企业则受到科技发展和绿色金融水平影响较多，主要原因在于科技型企业本身所产出的污染物较少，是绿色金融引导资金的去处之一。其他企业受产业结构和地区经济发展水平影响较大。

表 5 - 9 　　　　　　　　　不同企业性质的高质量发展检验

变量	绿色企业高质量发展指数	科技企业高质量发展指数	其他企业高质量发展指数
绿色金融水平	0.664 (0.000 ***)	0.597 (0.000 ***)	0.398 (0.000 **)
产业结构	0.536 (0.007 ***)	0.416 (0.022 **)	0.551 (0.000 ***)
环境政策	0.300 (0.154)	0.332 (0.073 **)	0.413 (0.000 ***)
经济发展水平	0.473 (0.020 **)	0.327 (0.078 **)	0.522 (0.000 **)
科技发展	0.436 (0.033 **)	0.712 (0.000 **)	0.464 (0.000 ***)

注：*** 、 ** 、 * 分别代表1%、5%、10%的显著性水平。

5.5　结论与建议

高质量发展的核心在于形成经济的活力、创新力和竞争力，而经济发展的活力、创新力和竞争力都与绿色发展紧密相连，密不可分。本章从微观角度选取浙江省沪深上市公司 2016～2020 年的绿色企业数据来分析绿色金融与实体经济高质量发展之间的关系，从创新、协调、绿色、开放、共享、经济 6 个方面构建高质量发展指数，经过实证检验最终得出结论：绿色金融能够推动浙江省实体经济的高质量发展，并且能够通过产业结构的优化升级和提升企业科技水平推动经济高质量发展。随着绿色金融在经济发展中的驱动作用逐渐提升，本章基于上述结论提出以下建议。

一是政府要完善相关政策，提供宽松合理的市场环境以鼓励、支持、引导企业和相关机构将发展目标转移到高质量的发展。同时政府要加大企业融资渠道监管力度，确保投入资金"来源可查、去向可追"，做到资金的公开化、透明化，杜绝监管漏洞、严厉打击贪污腐败现象的产生。

二是企业本身要牢牢把握住机会，注意充分利用绿色金融带来的独特优势，在符合相关规定的范围内主动寻求发展机遇，提升企业发展能力，扩展发展途径，而不是一味地等待政府的引导。发挥科技创新的力量，通过加强自身科技能力，提高科技含量，实现企业卓越的高质量发展，建设新时代的绿色一流企业。

三是金融机构作为绿色金融与企业的服务平台，要制定更高的行业标准，要把眼光放长远，将社会环境效益作为一切行为的准则和约束，做到统筹兼顾。同时要优化金融资源的分配，不仅为符合需求的大企业提供服务，也需要更多地关注中小微企业的发展。

第6章

科技金融对浙江高新技术企业
创新绩效的影响机理研究

6.1 引　　言

党的十九大报告指出，建设现代化经济体系是跨越关口的迫切要求和我国发展的战略目标。高新技术企业是经济发展的新生力量，对于我国转变经济发展方式具有重要意义。企业的现金比率体现整体运营情况，会对企业的创新投资等其他业务有重要影响。科技金融简单来说就是科技加金融，是旨在为各阶段的科技企业提供融资支持和金融服务的一系列政策和制度的系统安排。科技金融会改变企业原来的现金比率，使得企业的创新准备更加充分，进而影响企业的创新绩效。

浙江省自改革开放以来，经济保持了良好的增长态势。当前浙江通过政策激励、服务优化等举措，集聚了一批有资质、有品牌的投资基金。同时积极推动金融资本与产业资本结合，培育发展了一批科技型、成长型企业，形成了有一定规模的基金产业，试验区品牌效应已初步形成。深化金融改革创新，加快构建"科技＋金融＋产业"发展战略，全面推动金融链、创新链深度融合，走出一条数智创新新路径，率先增创营商环境新优势，推动创新成果与资本市场紧密对接。

目前学术界对科技金融对高新技术企业创新绩效的影响意见不

一，同时对科技金融、现金比率、企业创新绩效三者之间关系的综合研究还有待进一步深入。因此，本章在已有文献研究的基础上，将科技金融、现金比率、企业创新绩效三者联系起来，探究科技金融和现金比率影响创新绩效的传导路径，实证检验现金比率是否在其中发挥中介效应。

6.2　机理分析与研究假设

1. 科技金融与高新技术企业创新绩效的关系假设

贝希和兹索特等（Becsi & Zsolt et al.，1997）认为，通过科技和金融的有效结合可以缓解企业发展的创新难题。李士华等（2013）认为，科技金融是推动高新技术企业发展的科技金融投资主体，通过整合市场金融资源以及政府资金和优惠政策，依托科技平台从而将整合的金融资源投入有前景的高新技术企业，从而实现这类企业的技术扩张融资需求。王敏和李兆伟（2020）则通过研究陕西省科技金融发展潜力，得出科技金融需要金融生态、金融质量、内部科技效率三大系统的共同支持才能够达到最大的发展潜力值。通过对现有学者的文献梳理，科技金融对于技术升级改造有重要意义，虽然不同的学者对于科技金融的见解不一致，但是毋庸置疑的是它可以为高新技术企业或者其他符合要求的机构提供融资服务，因此可以正向作用于高新技术企业的创新发展。由此，本节提出第 1 个假设。

H1：科技金融能够促进高新技术企业创新绩效的提升。

2. 现金比率的中介效应假设

现金比率是企业速动资产扣除应收账款后的余额与流动负债的比率，反映了公司整体运营的现金流情况。通常情况下，企业的现金比率越高运营风险越低，在 20% 左右为最理想的范围。现金比率高的情况下，企业越有资金使用自主权，更倾向于投资于创新研发等高风险活动。创新是一项风险与收益并存的活动，往往需要大量的资源投入，需要漫长的周期才有可能获得回报，很多企业拥有创新的思想，但是迫于自身资源有限，只能放弃创新投资来保障企业平稳运行。科技金融就是为这类高新技术企业提供融资支持等系列服务的工具，它可以通过科技贷款、科技保险、金融科技等改变企业的现金比率，进而影响企业的创新研发，提升企业的创新绩效。因此，本节认为科技金融能够通过"科技金融投入—现金比率提高—创新绩效增加"的传导路径发挥作用。由此，本节提出第 2 个假设。

H2：现金比率在科技金融投入对创新绩效的影响中发挥中介效应。

3. 企业产权异质性假设

现有研究表明，现金比率高的企业创新绩效也更高。根据产权性质可以将高新技术企业分为国有型和非国有型。国有型企业相对于非国有型企业来说面临更少的竞争，并且传统金融青睐于借贷于国有企业，因此企业的创新意愿就不是很强烈，企业也不会冒着研发创新的高风险去维持原本已经牢固的行业地位。同时科技金融让非国有企业拥有了以往向传统金融机构费尽周折才有可能获取的贷款变得容易，科技金融对于非国有型企业的激励性更强，企业之间也会争相抢占科技金融资源用于提升创新绩效从而提升收益。因此本节提出第 3 个假设。

H3：科技金融投入、现金比率提升对创新绩效的作用具有企业产权异质性。

6.3 研究设计

6.3.1 数据来源与样本

本节选取了 2010～2018 年浙江创业板的上市公司作为研究样本。

创业板又称二板市场，即第二股票交易市场，是与主板市场不同的一类证券市场，专为暂时无法在主板市场上市的创业型企业提供融资途径和成长空间的证券交易市场。创业板是对主板市场的重要补充，在资本市场占有重要的位置，其上市公司股票代码以"300"开头。数据来源为国泰安 CSMAR 数据库，对样本剔除了 ST 和 ST* 股票以及金融行业的股票数据，最终获得有效样本 1 913 个。

以上各指标均来源于《中国统计年鉴》《中国科技统计年鉴》《中国创业风险投资发展报告》以及各省份统计年鉴。针对个别省份所缺失的数据，本节采用线性插值法和均值法进行替换和补全。

6.3.2　变量说明

本节的被解释变量为高新技术企业创新绩效，分别用 *Grant* 三项专利总和（发明专利、实用新型专利、外观设计专利）、*Ingrant* 发明专利总和进行衡量。解释变量为科技金融投入水平（*TF*），由于资金来源不同，分别用企业内部的创新投入（*Input*）和外部筹资活动产生的现金流净额（*Net*）表示。本节借鉴揭红兰（2020）等学者的指标选取方法，根据科技金融资金来源的主体：企业、金融机构与资本市场，选取企业创新投入即研发金额加以衡量、金融机构科技贷款、企业科研经费和科技资本市场投入作为衡量指标。中介变量是现金比率（*Cash*），它可以更直观地反映企业资金使用情况。控制变量包括企业规模（*Size*）、净资产收益率（*Roe*）、杠杆率（*Lev*）、本地的经济发展水平（*Gdp*）、行业（*Indus*）、年度虚拟变量（*Year*）。调节变量是上市公司的产权性质（*Soe*），通过将上市公司分为国有高新技术企业和非国有高新技术企业两组进行分析（见表 6 – 1）。

表 6 - 1   变量的定义与度量

变量类型	变量	定义
解释变量：科技金融	*Input*	企业的创新投入。等于创新投入研发金额
	Net	筹资活动产生的现金流净额。筹资活动产生的现金流入与筹资活动产生的现金流出之差额
被解释变量：创新绩效	*Grant*	三项专利总和（发明专利、实用新型专利、外观设计专利）
	Igrant	发明专利总和
中介变量	*Cash*	现金比率，等于企业速动资产扣除应收账款后的余额与流动负债的比率，反映了公司整体运营的现金流情况
控制变量	*Size*	企业规模，等于上市公司期末总资产的自然对数
	Roe	净资产收益率，等于上市公司于期末净资产除以总资产
	Lev	杠杆率，等于上市公司期末资产负债率
	Gdp	本地的经济发展水平
	Indus	行业虚拟变量。参照 2012 年证监会行业分类标准，制造业为二级行业分类标准，其他为一级行业分类标准
	Year	年度虚拟变量，选取年度区间为 2010～2020 年
调节变量	*Soe*	上市公司的产权性质。如果为国有企业，则设置虚拟变量 1，否则设置虚拟变量 0

6.3.3　模型构建

1. 用于检验主回归和调节效应

为考察科技金融投入对企业创新绩效的影响，考虑到科技金融投入对创新绩效的作用具有一定的滞后性，在控制企业规模、净资产收益率、杠杆率等基础上，检验科技金融与高新技术企业创新绩效之间的关系，构建如下模型：

$$Grant_{i,t} = \alpha_{i,t} + \beta_1 Input_{i,t} + \beta_2 Insti_{i,t} + \beta_3 Net_{i,t}$$
$$+ \beta_4 \sum control_{i,t} + indus + year + \epsilon_{i,t} \quad (6-1)$$

$$Igrant_{i,t} = \alpha_{i,t} + \beta_1 Input_{i,t} + \beta_2 Insti_{i,t} + \beta_3 Net_{i,t}$$

$$+ \beta_4 \sum control_{i,t} + indus + year + \epsilon_{i,t} \quad (6-2)$$

其中，$insti_{i,t}$ 为从其他金融机构获得的借款额，$net_{i,t}$ 为高新技术企业筹资活动产生的现金流净额，$\alpha_{i,t}$ 为截距项，$\sum control_{i,t}$ 为各个控制变量，包含企业规模（$Size$）、净资产收益率（Roe）、杠杆率（Lev）、上市公司所在地的法律发展指数（Law）、上市公司所在地的经济发展水平（Gdp）等，$indus$ 为行业虚拟变量，$year$ 为年度虚拟变量，$\epsilon_{i,t}$ 为残差项。

2. 中介效应检验

本节采用中介效应检验方法，研究科技金融对高新技术企业创新绩效的作用，以及科技金融是否通过现金比率产生中介效应，以此识别科技金融促进高新技术企业创新绩效的传导路径。为了进一步研究科技金融是否通过现金比率这一中介变量对高新技术企业创新绩效产生影响，本节根据温忠麟等（2004）所提出的中介效应检验程序，设定以下 3 个模型进行中介效应检验：

$$Grant_{i,t} = \alpha_{i,t} + \beta_1 Input_{i,t} + \beta_2 \sum control_{i,t} + indus + year + \epsilon_{i,t}$$

$$(6-3)$$

$$Cash_{i,t} = \alpha_{i,t} + \beta_1 Input_{i,t} + \beta_2 \sum control_{i,t} + indus + year + \epsilon_{i,t}$$

$$(6-4)$$

$$Grant_{i,t} = \alpha_{i,t} + \beta_1 Input_{i,t} + \beta_2 Cash_{i,t} + \beta_3 \sum control_{i,t}$$

$$+ indus + year + \epsilon_{i,t} \quad (6-5)$$

模型（6-3）为主效应模型，被解释变量是企业创新，解释变量是创新投入，控制变量同样包括企业规模（$Size$）、净资产收益率（Roe）、杠杆率（Lev）、上市公司所在地的法律发展指数（Law）、上市公司所在地的经济发展水平（Gdp）等。模型（6-4）的被解释变量为中介变量现金比率（$Cash$）。模型（6-5）是为了检验中介效应是部分还是完全的。模型（6－4）、模型（6－5）的控制变量与模型（6－3）的相同。若 β_2 显著不为0，则说明科技金融投入与现金比率之间存在中介变量，此时 β_1 是否显著能够衡量高新技术产业是否具有完全中介效应。

6.4 实证检验

为了提高模型的准确性，避免极端值对结论的干扰，对数据进行缩尾处理（见表6－2、表6－3）。

表6－2　　缩尾处理：科技金融对高新技术企业的创新影响

变量	创新水平（*Innovation*）			
	Grant		*Igrant*	
	系数	*t* 值	系数	*t* 值
Input	0.494 ***	6.04	0.166 ***	5.78
Net	0.007	1.08	－0.002	－0.70
Size	0.872 ***	2.58	0.584 ***	4.91
Roe	－0.193 ***	－4.05	－5.416 ***	－3.24
Lev	－0.044	－0.70	－0.012	－0.52
Gdp	－0.501 ***	－10.74	－0.190 ***	－11.02
Year	yes	yes	yes	yes
Indus	yes	yes	yes	yes
截距项	0.293 ***	3.33	5.907 *	1.91
F 值	20.51		24.00	
调整后的 R^2	0.117		0.135	
N	1 913		1 913	

表 6 - 3   描述性统计

变量	N	Mean	Std Dev	Median	Minimum	Maximum
Grants	1 913	8. 595	21. 153	2. 000	0. 000	298. 000
Igrants	1 913	2. 292	4. 853	0. 000	0. 000	44. 000
Input	1 913	16. 738	3. 446	17. 292	0. 000	20. 196
Net	1 913	15. 994	44. 067	1. 265	− 65. 201	480. 214
Size	1 913	21. 280	0. 892	21. 056	19. 391	23. 727
Roe	1 913	0. 091	0. 058	0. 083	− 0. 038	0. 450
Law	1 913	0. 908	4. 275	1. 002	− 81. 344	10. 321
Gdp	1 913	0. 102	0. 027	0. 090	0. 070	0. 200
property	1 913	0. 003	0. 051	0. 000	0. 000	1. 000

6.4.1　描述性统计

本节首先对我国浙江省在 2010 ~ 2018 年的 1913 个高新技术企业上市公司的数据和科技金融的数据进行描述性分析，主要从平均值和方差、中位数、最大值、最小值进行分析。

从表 6 - 3 描述性统计可以看出，从被解释变量创新水平来看，3 项专利总和的平均值为 8.595，最小值为 0，最大值为 298.000，两极分化较为严重。发明专利和的平均值为 2.292，最小值为 0，最大值为 44.000。从解释变量来看，创新投入、融资净额的平均值分别为 16.738、15.994。在控制变量中，企业规模的平均值为 21.280，最大值为 23.727，最小值为 19.391，说明浙江省高新技术企业的规模之间差距不是很大。法律发展指数最大值为 10.321，最小值为 − 81.344，两者之间分化明显。GDP 的最大值为 0.200，最小值为 0.070，平均值为 0.102。样本公司的净资产收益率 Roe 的平均值为 0.091，最小值为 − 0.038，最大值为 0.450，可以看出样本公司的盈利能力不同。

6.4.2 相关性分析

通过变量之间的相关性分析可以弄清解释变量科技金融和被解释变量高新技术创新的关系密切程度，这也是接下来进行回归等一系列数据处理的基础。

从表 6 - 4 中 pearson 相关性分析可以看出，3 项专利总和（$Grant$）与解释变量创新投入、筹资活动产生的融资净额的单变量回归系数分别为 0.117、0.085，发明专利总和与解释变量创新投入、筹资活动产生的融资净额的单变量回归系数分别为 0.051、0.133，同样呈现显著的正相关关系，由此可以初步得出科技金融能够促进企业的创新，但由于未对其他变量进行控制仍需在回归中得出进一步的结论（见表 6 - 5）。

表 6 - 4   **pearson 相关性分析**

变量	$Grant$	$Igrant$	$Input$	$Insti$	Net	$Size$	Roe	Lev	Gdp
$Grant$	1.000	0.501	0.089	0.117	0.085	-0.058	0.009	-0.087	0.052
$Igrant$	0.501	1.000	0.131	0.051	0.133	-0.055	0.019	-0.094	0.101
$Input$	0.089	0.131	1.000	-0.032	0.056	-0.076	0.010	-0.115	0.110
$Insti$	0.117	0.051	-0.032	1.000	0.353	-0.061	0.029	0.094	0.317
Net	0.085	0.133	0.056	0.353	1.000	0.000	0.078	-0.055	0.886
$Size$	-0.058	-0.055	-0.076	-0.061	0.000	1.000	0.039	-0.022	0.135
Roe	0.009	0.019	0.010	0.029	0.078	0.039	1.000	-0.006	0.098
Lev	-0.087	-0.094	-0.115	0.094	-0.055	-0.022	-0.006	1.000	-0.058
Gdp	0.052	0.101	0.110	0.317	0.886	0.135	0.098	-0.058	1.000

表 6 - 5　　　　　　　科技金融对高新技术企业的创新影响

变量	创新水平 （Innovation）			
	Grant		Igrant	
	系数	t 值	系数	t 值
Input	0. 706 ***	5. 02	0. 170 ***	5. 42
Net	0. 043 ***	3. 74	0. 001 *	1. 75
Size	1. 809 ***	3. 11	0. 587 ***	4. 52
Roe	− 0. 150 *	− 1. 84	− 0. 507 ***	− 2. 77
Lev	− 0. 081	− 0. 74	− 0. 012	0. 50
Gdp	− 0. 483 ***	− 5. 75	− 0. 202 ***	− 10. 77
Year	yes	yes	yes	yes
Indus	yes	yes	yes	yes
截距项	2. 773	0. 18	7. 145	2. 11
F 值	12. 92		21. 44	
调整后的 R^2	0. 075		0. 122	
N	1 913		1 913	

6.4.3　中介机制检验

Net 对被解释变量 Grant 的影响系数是 0. 043，对 Cash 的影响系数是 0. 005，加入中介变量 Cash 后，Net 对 Grant 的影响系数是 0. 035。Net 对被解释变量 Igrant 的影响系数是 0. 001，对 Cash 的影响系数是 0. 005，加入中介变量 Cash 后，Net 对 Igrant 的影响系数是 0. 001。可以看出，现金比率在科技金融和高新技术企业创新绩效的关系中起到部分中介的作用，同时现金比率分别解释了 8. 1% 和 10. 8% 的比例（见表 6 - 6）。

表 6 – 6　　　　　　　　　中介机制检验

变量	grant（3 项专利总和）			Igrant（发明专利）		
	（1）	（2）	（3）	（4）	（5）	（6）
	Grant	Cash	Grant	Igrant	Cash	Igrant
Net	0.043 *** （3.74）	0.005 * （1.87）	0.035 ** （2.01）	0.001 * （1.75）	0.005 * （1.87）	0.001 * （1.65）
Cash			0.008 * （1.94）			0.006 * （1.79）
Sobel 检验	0.035 * (z = 2.011)			0.001 * (z = 1.655)		
Goodman 检验 1	0.035 * (z = 2.013)			0.001 * (z = 1.653)		
Goodman 检验 2	0.035 * (z = 2.016)			0.001 ** (z = 1.656)		
中介效应比例	8.1%			10.8%		
控制变量	Yes	Yes	Yes	Yes	Yes	Yes
年度效应	Yes	Yes	Yes	Yes	Yes	Yes
行业效应	Yes	Yes	Yes	Yes	Yes	Yes
截距项	—	—	—	—	—	—
N						
调整后的 R^2	—	—	—	—	—	—
F 值						

　　注：（1） *** 、 ** 、 * 分别代表双尾检验的统计显著水平为 1% 、5% 、10% 。（2）括号内数据为经过异方差调整的 t 值。（3）年度和行业效应已控制。

6.4.4　进一步讨论

　　根据 t 值的大小，可以判定科技金融对创新的影响。当 t > 1.64 时，显著等级为 1 颗星；当 t > 1.94 时，显著等级为 2 颗星；当 t > 2.56 时，显著等级为 3 颗星。在表 6 – 7 中，企业创新投入对被解释变量 3 项专利总和、发明专利总和的 t 值分别为 0.25 和 0.35。筹资活动产生的现金流净额对于 Grant 和 Ingrant 的 t 值分别为 3.57、 – 1.24。在表 6 – 8 中，企业创新投入对被解释变量 3 项专利总和、

发明专利总和的 t 值分别为 6.12 和 5.54 都是 3 颗星级别的显著，验证了企业创新投入对高新技术企业创新绩效有显著影响。筹资活动产生的现金流净额对于 $Grant$ 和 $Ingrant$ 的 t 值分别为 1.94、−0.23，说明 Net 对被解释变量大部分还是显著的。但是 Net 发明专利总和的影响不显著。表 6-8 的非国有型高新技术企业相对于表 6-7 中的国有高新技术企业，非国企关系更强。因为非国有型高新技术企业相较于国有型高新技术企业缺乏资金，科技金融可以帮助非国有企业解决融资约束问题进而促进创新。

表 6-7　　　　国企：科技金融对高新技术企业的创新影响

变量	创新水平（$Innovation$）			
	$Grant$		$Igrant$	
	系数	t 值	系数	t 值
$Input$	0.255	0.25	0.079	0.35
Net	0.105***	3.57	−0.008	−1.24
$Size$	0.739***	4.13	1.804***	4.53
Roe	−1.059	−0.04	−0.416	−0.78
Lev	−0.224***	−4.51	−1.019	0.92
Gdp	−0.414**	2.40	0.828**	2.16
$Year$	yes	yes	yes	yes
$Indus$	yes	yes	yes	yes
截距项	−0.163***	−4.33	−0.396***	−4.71
F 值	8.80		8.58	
调整后的 R^2	0.120		0.117	
N	686		686	

表 6 – 8   非国企：科技金融对高新技术企业的创新影响

| 变量 | 创新水平（Innovation） | | | |
| | Grant | | Igrant | |
	系数	t 值	系数	t 值
Input	0.061 ***	6.12	0.036 ***	5.54
Net	0.002 *	1.94	– 0.001	– 0.23
Size	– 0.374 ***	– 7.85	– 0.087 ***	– 2.75
Roe	– 3.742 ***	– 5.87	– 0.780 *	– 1.84
Lev	0.007	0.96	0.003	0.54
Gdp	– 0.784 ***	– 11.06	– 0.518 ***	– 10.96
Year	yes	yes	yes	yes
Indus	yes	yes	yes	yes
截距项	0.159 ***	12.94	6.988 ***	8.56
F 值	31.78		15.81	
调整后的 R^2	0.246		0.136	
N	1 227		1 227	

因为高新技术企业创新绩效对于科技金融的反应具有滞后性，同时为了解决解释变量和被解释变量互为因果的内生性问题，采取滞后一期分析科技金融与高新技术企业创新绩效的关系（见表 6 – 9）。

表 6 – 9   滞后一期：科技金融对高新技术企业的创新影响

| 变量 | 创新水平（Innovation） | | | |
| | Grant | | Igrant | |
	系数	t 值	系数	t 值
Input	0.696	5.14	0.172	5.44
Net	0.040	3.55	– 0.001	– 0.51
Size	1.802	3.15	0.640	4.81
Roe	– 0.165	– 2.06	– 5.720	– 3.08

续表

变量	创新水平（Innovation）			
	Grant		Igrant	
	系数	t 值	系数	t 值
Lev	− 0.085	− 0.73	− 0.013	− 0.48
Gdp	− 0.495	− 5.80	− 0.203	− 10.23
Year	yes	yes	yes	yes
Indus	yes	yes	yes	yes
截距项	4.507	0.30	0.607	1.74
F 值	11.74		17.46	
调整后的 R^2	0.071		0.105	
N	1 831		1 831	

6.5　结　　语

自 2014 年获批浙江省科技金融改革创新试验区以来，浙江省政府围绕以金融创新促进科技型中小企业发展的总体要求，着力推进科技金融发展，初步形成了科技创新与金融创新良性互动、科技资源与金融资本高效对接的体制机制。因此研究浙江省科技金融对高新技术企业创新绩效的影响具有重要意义。本节从理论层面讨论了科技金融、现金比率与高新技术企业创新绩效的传导机制，并提出假设：现金比率发展在科技金融投入对高新技术企业创新绩效的影响中发挥中介效应以及科技金融投入、现金比率对高新技术企业创新绩效的作用具有企业产权性质异质性。结果表明：①科技金融投入提高企业现金比率，现金比率增加正向影响创新投入，传导机制为"科技金融投入—现金比率提高—创新绩效增加"；②科技金融会促进国有高新技术企业和非国有高新技术企业的创新绩效，但是对非国有高新技术企业的创新绩效促进作用更明显。国有企业应该建立激励机制，促进创新，提升整体运营绩效。

第7章

数字金融赋能中小企业专精特新发展的实现路径研究

7.1 问题提出

2021年7月30日，中共中央政治局会议首次将"发展'专精特新'中小企业"上升至国家层面，提出要强化科技创新和产业链供应链韧性，加强基础研究，推动应用研究，开展补链强链专项行动，加快解决"卡脖子"难题，发展"专精特新"中小企业。中小企业是推动经济和社会发展的重要力量，是繁荣经济、增加就业、改善民生、推动创新的重要载体。政府发布《中国中小企业社会责任指南》，对促进中小企业发展，乃至实现全面建成小康社会宏伟目标、实现中华民族伟大复兴的"中国梦"都具有重要意义。

所谓专精特新中小企业，是指做到专业化、精细化、特色化、创新能力突出的中小企业。具体来看，在专业化方面，主要表现为生产技艺的专业或专有、产品的专门用途或专业品质等特征；在精细化方面，主要表现为生产技艺精深、管理精细、产品精致等特征；在特色化方面，主要表现为生产技艺较独特、产品服务有特色等特征；在新颖化方面，主要表现为科技创新能力强、产品服务具有较高技术含量等特征。我国已经转向高质量发展阶段，必须抓紧科技创新这个"牛鼻子"，大力推动普通中小企业的科技创新能力，提升中小企业的经营效率和发展水平，赋能普通中小企业发展成为"专精特新"中小企业，为经济实现高质量发展注入滔滔不竭的发展动力，这对广大普通中小企业来说尤为迫切。

但与此同时，企业创新具有高投入、长周期、高风险等特征，导致创新融资存在严重信息不对称，使企业创新面临融资困境。尤其对中小企业来说，一方面，技术创新基础不如大型企业，需持续投入大量资金；另一方面，中小企业由于自身资产与信用特征，中小企业一直面临"融资难、融资贵、技术创新融资更难"问题。再者，我国传统金融体制一直以来对中小企业支持度较低，导致中小企业发展成为"专精特新"企业面临难题。根据谢婷婷和高丽丽分析，此具体表现在：首先，属性错配。由于传统金融结构性失衡与行业顺周期偏好以及风险审慎管理体系的制约，导致非国有企业比国有企业融资成本更高、融资效率更低。其次，领域错配。我国传统金融部门严格秉持盈利原则和风控要求，容易在考核次序与风险监控上出现错位，导致高新技术企业相较于非高新技术企业获得资金难度更大。最后，阶段错配。受传统金融部门"后向型"偏好的影响，导致最具潜力的成长期企业面临融资困境。因此，传统金融服务实体经济出现的结构错配，严重抑制中小企业在技术创新活动中的潜在驱动力，成为制约中小企业发展成为"专精特新"企业的原因之一。

值得关注的是，随着互联网、大数据、云计算、物联网和人工智能等数字技术与传统金融行业的有机结合，数字金融这一新兴的金融业态应运而生。数字金融作为一种高效、覆盖面广的全新金融服务模式似乎为小微企业发展成为"专精特新"中小企业带来了新契机。由此我们需要思考，数字金融能否赋能中小企业向"专精特新"方向发展，数字金融解决了中小企业的什么难题，以及数字金融推动中小企业发展为"专精特新"中小企业的效果是否会因为企业性质不同而不同。

7.2 相关研究综述

梳理已有文献，与本书主题相关的文献主要集中在两个方面。

1. 数字金融及其效应研究

数字金融能够发挥资源配置效应和普惠效应。孟添和张恒龙认为，当前中国经济已转向高质量发展的新阶段，数字金融能够发挥资源配置效应和普惠效应，促进区域经济高质量可持续发展。瞿慧、靳丹丹和万千认为，数字金融的发展和金融资源配置效率均对金融服务水平具有直接促进效应。盘和林教授认为，数字金融促进了普惠金融的发展，降低了融资的成本，消除了弱势人群和小微企业与金融机构间的障碍。数字金融能够发挥信息效应。孟振全认为，数字金融以数据为基础、技术为驱动，通过信息流、技术流来加速资金流、产业流流动，能够激发各类市场主体活力，更高效地为生产、分配、流通、消费各个环节配置资源，推动实现供给与需求之间更高水平的动态平衡，推动经济体系优化升级。崔和易（Choi & Yi）认为，数字金融通过减弱经济中的信息不对称，提升信息传播效率，从而促进经济增长。

2. 数字金融与中小企业融资的关系研究

数字金融能破除中小企业的融资之困。杨琳认为，数字金融为中小企业提供了多样化的融资渠道，并且这个趋势仍然向好。冯建文认为，数字普惠金融可以充分利用自身技术优势，在提供新的融资渠道、缩减融资成本和提高融资效率等方面减缓中小企业在融资时的阻力，从而缓解中小企业的融资困境。数字金融能促进中小企业的技术创新。聂秀华认为，融资约束了中小企业的技术创新投入，数字金融可以缓解企业融资约束，进而促进中小企业技术创新。聂秀华和吴青通过研究2014～2018年中小板上市公司数据并运用两步系统 GMM 模型对数字金融与中小企业技术创新水平之间的关系进行实证检验，得出了数字金融对高科技中小企业技术创新水平的"激励效应"的结论。

由上述研究可知，关于数字金融对中小企业的影响多集中于破解企业融资之困、推进企业创新等方面，较少关注数字金融赋能中小企业专精特新发展的主题，且大多以 A 股上市公司等大企业为研究对象，很少关注省级创业板企业等中小规模企业。基于上述研究存在的不足，本章参考了许静提出的"四位一体"中小企业专精特新竞争力评价框架和徐天舒、朱天一提出的专精特新中小企业评价中具有统计显著性的影响因素定量指标：研发强度、专利密度、利润率、销售增长率、净资产收益等作为参考，从而建立本章的评价指标体系（见表 7 - 1）。

表 7 - 1　　　　　　　　专精特新中小企业评价体系

一级指标	二级指标
产业发展专业化	研发强度 专利数 净资产收益率 销售增长率 净利润增长率
管理制度精细化	
市场产品特色化	
技术模式新颖化	

本章以浙江省创业板上市企业为样本，利用 DID 双重差分法对比数字金融影响前后普通中小企业的发展情况，结合北京大学数字金融普惠指数，实证检验数字金融是否能够赋能中小企业向"专精特新"发展，并进一步考察影响的异质性。创新之处体现在两个方面：一方面，聚焦于"专精特新"中小企业，并将内容扩展到数字金融赋能中小企业发展成为"专精特新"中小企业的新角度，拓宽了数字金融影响中小企业发展方向的研究广度；另一方面，验证数字金融通过破解中小企业融资之困、促进企业科技创新和填补"数字鸿沟"从而赋能普通中小企业成长为"专精特新"中小企业的作用机制，揭示数字金融对不同行业类型的普通中小企业的差异化影响，可加大

数字金融影响中小企业的研究深度。

7.3　理论分析与研究假设

1. 数字金融与"专精特新"中小企业

数字金融能够降低金融服务门槛，拓宽融资渠道，降低融资成本。中小企业大多数都具有发展规模小、经营不稳定、资质担保价值低、缺乏信用审核记录等特征，而技术创新活动通常对投入具有量大、持续、稳定等要求，因此企业的创新活动往往受到因融资渠道少、融资成本高等因素的限制，掉入融资难的窘境，由此严重制约了普通中小企业开展创新活动、转化技术成果的进程，导致融资难成为普通中小企业发展成为"专精特新"中小企业的一大桎梏。大量研究表明，数字金融作为一种快速发展的新型的金融服务模式，能够发挥资源效应，一方面扩大了金融的覆盖度，数字金融依托数字化技术能够对中小企业进行精准评估，打破时间和空间的限制，尤其是为被排斥在融资门槛之外的具有发展潜力的中小企业提供平等的融资机会；另一方面数字金融延伸了金融的使用深度，借助多样化、多平台融资，保障了中小企业能够将充足的、稳定的资金投入科技创新的领域，由此来激励普通中小企业科技创新，发展自己的独特性和专业性。

数字金融能有效缓解信息不对称问题进而提升企业的经营效率。研究表明，依托数字技术发展的数字金融提高了企业内外的信息透明度，一方面，企业信息透明度越高，银行等金融机构能掌握充足的信息来对企业进行评估，精准计算和考量未来收益，降低贷款难度；另一方面，企业信息化、数字化程度越高，也能避免企业运营过程中因信息不对称导致的管理问题，提升企业的运营水平和运营能力，一定程度上促进企业的数字化转型，符合经济高质量发展的方向，有助于提升企业的经营效率。据此，本节提出第 1 个假设。

H1：数字金融对普通中小企业发展成为"专精特新"中小企业

具有正向激励作用。

2．数字金融影响普通中小企业发展成为"专精特新"中小企业的异质性

众所周知，不同类型的企业面对的融资约束不同。根据聂秀华的研究，相比于非高技术企业，高技术企业具有更强的融资动机但却面临着更强的融资障碍。高技术企业在企业发展中以技术创新项目为主营业务，而往往这种业务投入更多、持续时间更长、结果保障性更低，这与传统金融机构的融资理念是相背离的。而数字金融的出现打破了这种局面，不断拓宽的融资渠道和不断丰富的融资方式都为高新技术企业获得融资寻得方便，再加上信息透明度的提高，能够帮助融资机构正确评估一些有潜力的项目，有利于一些目前基础较弱但发展潜力巨大的企业获得发展。同时，普通高新技术中小企业是培育"专精特新"中小企业的更直接的预备军，高新技术中小企业获得发展，对普通中小企业发展为"专精特新"中小企业无疑是一种极大的助力。据此，本节提出第 2 个假设。

H2：数字金融对高新技术中小企业发展为"专精特新"中小企业的促进作用更强。

7.4　研究设计

7.4.1　样本选择与数据来源

本节以 2011～2020 年浙江省创业板上市企业为研究样本，参考胡继国等学者的做法。对数据进行如下筛选：剔除金融类企业样本，剔除 ST、*ST 和 PT 类企业样本，剔除主要数据缺失的企业样本，对连续变量进行 1% 及 99% 分位的缩尾（Winsorize）处理。最终获取观测值 870 个。书中所有数据均来自 Wind 数据库。

7.4.2 变量说明

1. 被解释变量

根据前面构建的评价专精特新中小企业的标准所建立的评价体系，本节选择的被解释变量为研发强度、专利数、净资产收益率、销售增长率、净利润增长率。鉴于 DID 模型分析的要求，本节通过主成分分析法将上述评价体系里五个指标融合为一个最终指标，并将此指标命名为 Y。

2. 解释变量

本节参照孙继国、胡金焱和杨璐做法，*Time* 为政策虚拟变量，2013 年 11 月 12 日，党的十八届三中全会通过的《中共中央关于全面深化改革若干重大问题的决定》正式提出发展数字普惠金融，因此，本节选择 2014 年作为政策冲击事件发生的年份，即 2011 ~ 2013 年 *Time* 取值为 0，2014 ~ 2022 年 *Time* 取值为 1。

3. 控制变量

参考众多学者的研究，影响企业发展成为专精特新企业的因素非常多。本节考虑所选数据的相关性与可获得性，最终所选取的控制变量主要包括财务杠杆率（*DFL*），用总负债/总资产 × 100% 表示；管理费用率（*MER*），用企业年末管理费用/年末营业收入 × 100% 表示；两职合一（*TO*），即董事长与总经理是否为同一人兼任，如果兼任取值为 1，否则为 0。

按照浙江省统计局的划分标准，浙江省可划分为浙东北和浙西南两区域。浙东北包括了杭州市、宁波市、湖州市、舟山市、绍兴市、嘉兴市，浙西南包括了台州市、金华市、丽水市、温州市、衢州市。根据沃鹏飞和俞雅乖对浙东北地区和浙西南地区的数字金融普惠指数的测算得出以下结论：位于浙东北地区的杭州市、宁波市和舟山市的

IFI 指数排名前三，而指数排名处于最后 4 位的台州市、丽水市和衢州市均位于浙西南地区。因此，浙江省普惠金融发展水平存在区域间差异，且区域间差异明显，浙东北的 IFI 指数均值显著高于浙西南地区。本节沿用二位学者的观点，将浙江省划分为浙东北和浙西南两组作为实验组和对照组。

7.4.3 模型构建

基于双重差分模型对政策效果进行评估，检验发展普惠金融政策的提出，对普通中小企业发展成为"专精特新"中小企业的影响。基准模型构建如下：

$$\ln Y_{it} = \gamma Treat_i \times Time_t + \lambda X_{it} + FE_i + FE_j + FE_t + \varepsilon_{it} \qquad (7-1)$$

其中，被解释变量 Y 为经过主成分分析法融合后的数值，实证分析中取自然对数（$\ln Y$）。X_{it} 为可能影响企业创新的其他控制变量，具体变量的解释上文已说明。同时，为了避免出现重要解释变量的遗漏问题，本节在所有回归中均控制了个体固定效应、行业固定效应以及时间固定效应。其中，FE_i 表示个体固定效应，FE_j 表示行业固定效应，FE_t 表示时间固定效应。ε_{it} 为随机误差项。

7.5 实证结果及分析

1. 描述性统计

变量的描述性统计结果如表 7-2 所示。可知，实验组企业与对照组企业之间的专精特新指标在发展数字金融政策提出前后发生了变化：在发展数字金融政策提出之前，实验组企业的 Y 值的平均数为 -0.060，对照组 Y 值平均数为 -0.220，实验组平均的 Y 值水平比对照组高 2.6%；在发展数字金融的政策提出之后，实验组的 Y 值平均数为 0.170，对照组 Y 值平均数为 0.060，实验组 Y 值平均数比对照组高 18.5%。通过这两组数据对比可以看出，发展数字金融的政策提出之后，实验组与对照组的 Y 值之间的距离明显增大。但是这种差距在统计上是否显著还需进一步检验。

表 7 – 2　　　　　　　　　　变量的描述性统计结果

变量	实验组									
	首次提出之前					首次提出之后				
	Mean	SD	Min	Median	Max	Mean	SD	Min	Median	Max
Y	− 0.060	0.664	− 10.010	− 0.155	3.164	0.170	0.873	− 8.581	0.108	3.457
DFL	0.340	0.190	0.051	0.293	0.975	0.310	0.161	0.000	0.302	0.622
MER	0.100	0.071	0.000	0.076	0.342	0.110	0.047	0.000	0.119	0.217
TO	0.420	0.500	0.000	0.000	1.000	0.520	0.504	0.000	1.000	1.000

变量	对照组									
	首次提出之前					首次提出之后				
	Mean	SD	Min	Median	Max	Mean	SD	Min	Median	Max
Y	− 0.220	0.455	− 2.992	− 0.280	1.067	0.060	0.406	− 0.876	0.018	1.465
DFL	0.340	0.190	0.051	0.293	0.975	0.310	0.161	0.000	0.302	0.622
MER	0.100	0.071	0.000	0.076	0.342	0.110	0.047	0.000	0.119	0.217
TO	0.420	0.500	0.000	0.000	1.000	0.520	0.504	0.000	1.000	1.000

2. 基准回归结果与分析

运用双重差分模型的基准回归结果如表 7 – 3 所示。其中，列（1）回归中不增加控制变量 $Time \times Treated$ 的系数为 0.16028，且在 1% 的水平下显著，说明 $Time \times Treated$ 对因变量具有显著正影响，也就是说数字金融能够促进普通中小企业发展为"专精特新"中小企业。列（2）增加财务杠杆率、管理费用率、两职合一等控制变量之后 $Time \times Treated$ 的系数为 0.24352，且在 10% 的水平下显著，进一步证明数字金融能够促进普通中小企业转变为专精特新中小企业，H1 成立。同时，表 7 – 3 列（3）展示了普惠金融影响中小企业创新的动态效应。具体来说，本节在基准模型的基础上将分组虚拟变量（*Treat*）与政策虚拟变量（*Time*）的交互项 *Treat* × *Time* 替换为分组虚拟变量（*Treat*）与政策提出后年份虚拟变量（*Year*）的交互项 *Treat* × *Year*，交互项系数就可以用来检验发展数字金融能够影响普通中小企业转变为专精特新中小企业的变化趋势。比较各年份的情况可以发现：2014 年发展数字金融能够影响普通中小企业转变为专精特新中小企业的促进效应为 0.18482 且显著，2016 年的促进效应为 0.32567 且显著，2018 年的促进效应为 – 0.13349 且显著，2019 年的促进效应为 0.47175 且非常显著。总的来说，核心解释变量系数的显著性和大小比较稳定，发展数字金融的确促进了普通中小企业转变为专精特新中小企业。

表 7 – 3   基准回归结果

变量	（1）	（2）	（3）
	model1	model2	model3
Time × *Treated*	0.16028 *** (2.82)	0.24352 * (1.86)	
Time	– 0.36894 *** (– 5.59)	– 0.21841 ** (– 2.23)	
Treated		0.07369 (0.96)	
*Year*2014 × *Treated*			0.18482 * (1.72)
*Year*2015 × *Treated*			– 0.17194 (– 0.93)
*Year*2016 × *Treated*			0.32567 *** (2.79)
*Year*2017 × *Treated*			0.03478 (0.48)

续表

变量	（1）	（2）	（3）
	model1	model2	model3
Year2018 × Treated			−0.13349* （−1.78）
Year2019 × Treated			0.47175*** （2.73）
Year2020 × Treated			−0.00098 （−0.01）
Year2021 × Treated			−0.17187 （−1.52）
DFL		−1.34933*** （−3.44）	−1.31803*** （−3.46）
MER		1.77663*** （2.80）	1.95017*** （3.10）
TO		0.05276 （0.97）	0.00224 （0.04）
_cons	0.15065*** （3.30）	0.27419 （1.52）	0.29432* （1.69）
N	870	570	570
R^2	0.030	0.160	0.175
Adj. R^2	0.03	0.15	0.16
FEi	控制	控制	控制
FEj	控制	控制	控制
FEt	控制	控制	控制

注：$*p<0.1$，$**p<0.05$，$***p<0.01$。

3. 异质性分析

由基准回归结果可知，发展数字金融能够显著地促进普通中小企业发展成为"专精特新"中小企业，但不同维度下数字金融对中小企业专精特新发展的差异性还有待进一步验证。鉴于此，本节将样本按照高新技术企业和非高新技术企业两组，探究发展数字金融这一政策冲击对中小企业创新的异质性影响，回归结果如表 7 - 4 和表 7 - 5 所示。

表 7 - 4　　　　　　　　　　　　高新技术企业

变量	（1）	（2）	（3）
	model2	model3	model4
Time × Treated	0. 42071 *** （11. 00）	0. 94528 *** （3. 47）	
Time	− 0. 63335 *** （− 5. 61）	− 0. 63729 *** （− 4. 79）	
Treated		− 0. 31101 * （− 1. 81）	
Year2014 × Treated			0. 00000 （. ）
Year2015 × Treated			0. 15696 （0. 82）
Year2016 × Treated			0. 15881 （0. 70）
Year2017 × Treated			0. 31976 （1. 40）
Year2018 × Treated			− 0. 00701 （− 0. 04）
Year2019 × Treated			0. 81224 *** （3. 28）
Year2020 × Treated			0. 00000 （. ）

续表

变量	（1）	（2）	（3）
	model2	model3	model4
$Year2021 \times Treated$			0. 00000 （. ）
DFL		− 1. 06249 * （ − 1. 86）	− 1. 08512 （ − 1. 53）
MER		3. 26480 *** （4. 19）	3. 17234 *** （5. 32）
TO		0. 10946 （0. 96）	0. 03801 （0. 33）
$\_cons$	0. 25179 ** （2. 24）	0. 19133 （1. 30）	0. 00463 （0. 03）
N	208	154	154
R^2	0. 027	0. 200	0. 211
$Adj. R^2$	0. 02	0. 17	0. 17

注： * p < 0. 1， ** p < 0. 05， *** p < 0. 01。

表 7 - 5 　　　　　　　非高新技术企业

变量	（1）	（2）	（3）
	model2	model3	model4
$Time \times Treated$	0. 12185 * （1. 93）	0. 06101 （0. 43）	
$Time$	− 0. 31951 *** （ − 4. 78）	− 0. 12559 （ − 1. 22）	
$Treated$		0. 17936 ** （2. 16）	
$Year2014 \times Treated$			0. 15564 （1. 28）

续表

变量	（1）	（2）	（3）
	model2	model3	model4
Year2015 × Treated			−0.28620 （−1.23）
Year2016 × Treated			0.54442 *** （2.59）
Year2017 × Treated			−0.06705 （−0.81）
Year2018 × Treated			0.00000 （.）
Year2019 × Treated			0.18921 （0.95）
Year2020 × Treated			−0.06005 （−0.49）
Year2021 × Treated			−0.24003 * （−1.03）
DFL		−1.38815 *** （−2.83）	−1.32618 *** （−2.91）
MER		1.18690 （1.21）	0.93895 （0.98）
TO		0.05475 （0.83）	−0.00565 （−0.10）
_cons	0.10881 ** （2.44）	0.28163 （1.04）	0.42099 * （1.83）
N	662	416	416
R^2	0.027	0.152	0.181
Adj. R^2	0.02	0.14	0.16

注：＊ p＜0.1，＊＊ p＜0.05，＊＊＊ p＜0.01。

通过对比高新技术企业和非高新技术企业的回归系数可知，高新技术企业的回归系数 0.94528 大于非高新技术企业的回归系数 0.06101，同时高新技术企业更加显著说明数字金融对高新技术企业的影响大于非高新技术企业，H2 成立。对此可能的解释是，相比于非高新技术企业，高新技术企业具有更强的融资动机但却面临着更强的融资障碍。数字金融不断拓宽的融资渠道和不断丰富的融资方式都为高新技术企业获得融资寻得方便，再加上信息透明度的提高，能够帮助融资机构正确评估一些有潜力的项目，有利于一些目前基础较弱但发展潜力巨大的企业获得发展。相比于高新技术企业，非高新技术企业的融资动机不强与融资障碍偏小。因此，数字金融对高新技术企业的影响大于非高新技术企业。

4. 平行趋势检验

双重差分模型的运用需满足平行趋势假设。本节在模型中加入 $Treat$ 与 $Year$ 的交互项，如果在发展数字金融政策提出前该交互项不显著，则说明满足平行趋势假设。表 7 - 6 的回归结果显示，发展数字金融政策提出之前各年交互项的系数均不显著，说明双重差分模型满足平行趋势假设。

表 7 - 6 平行趋势检验

变量	（1）
	model1
$Year2009 \times Treated$	- 0. 56288 （ - 1. 24）
$Year2010 \times Treated$	- 0. 22510 （ - 1. 62）
$Year2011 \times Treated$	0. 09685 （0. 62）

续表

变量	（1）
	model1
$Year2012 \times Treated$	-0.19454 (-1.40)
$Year2014 \times Treated$	0.18737^{*} (1.87)
$Year2016 \times Treated$	0.33581^{***} (2.59)
$Year2018 \times Treated$	-0.14510^{*} (-1.89)
$Year2021 \times Treated$	-0.18967^{*} (-1.74)
$Time$	-0.21839^{**} (-2.28)
$Treated$	0.23034^{**} (2.07)
DFL	-1.29661^{***} (-3.13)
MER	1.50882^{**} (2.39)
TO	0.00801 (0.15)
$\_cons$	0.31101^{*} (1.67)
N	570
R^2	0.193
$Adj.\ R^2$	0.17

注：$*\,p<0.1$，$**\,p<0.05$，$***\,p<0.01$。

155

7.6 结　语

　　本章选取 2011～2020 年浙江省创业板企业为研究样本，从政策效应视角采用双重差分模型实证检验发展数字金融对中小企业发展成为"专精特新"中小企业的影响，得出如下研究结论：首先，数字金融能够显著地促进中小企业发展为"专精特新"中小企业，并且从描述性统计结果来看，数字普惠金融发展程度高的地区，数字金融对中小企业发展成为"专精特新"中小企业促进作用更为明显。其次，企业的类型会影响数字金融对中小企业发展成为"专精特新"中小企业的作用，相比于非高新技术企业，数字金融更能促进高新技术中小企业发展成为"专精特新"中小企业。

　　基于上述研究结论，本章提出如下建议：首先，政府及传统金融机构应顺应数字经济的蓬勃发展，优化数字金融的政策环境，从而倒逼传统金融服务模式改革。通过利用数字金融利用其极强的地理穿透性和先进的大数据、云计算、互联网等技术，转变传统金融服务模式，降低融资门槛，缩短融资周期，降低融资成本，从而避免中小企业被金融排斥在外的现象。那么中小企业就能利用多维度的融资方式拓宽融资渠道获得融资，并激发中小企业的活力，进而不断推动经济高质量发展。其次，要强化数字金融对高新技术企业的金融支持。密切关注高新技术中小企业的创新进程，通过信息透明度等的提高，帮助融资机构正确评估一些有潜力的项目，使得一些目前基础较弱但发展潜力巨大的高新技术企业获得发展，并且灵活运用数字技术，将中小企业的融资需求与金融服务供给快速精准地配对，进一步提高中小企业融资可得性。最后，随着科技金融的飞速发展和数字新基建的大力推进，数字金融在不断地发生变革。因此要加快推进 5G 基站、大数据中心和人工智能等数字基础设施建设，为企业创新提供资金保障，推动中小企业数字化、数智化转型，不断推动普通中小企业向着"专精特新"中小企业发展。

第8章

浙江商业银行金融服务
创新的案例研究

8.1 浙江湖州银行绿色金融
服务创新案例分析

我国在"十三五"规划中首次纳入了"绿色发展"理念，在"十四五"规划中提出重点推进绿色金融工作。作为首批全国绿色金融改革创新试验区的湖州市，也是"绿水青山就是金山银山"理念的发源地，为了发展碳排放配额质押贷款业务，湖州市积极推动金融机构把市场化的碳价格同信贷产品创新结合一起。浙江湖州银行作为国内第三家赤道银行和地方性法人银行，顺应了国家经济转型的发展趋势，按可持续发展原则，将"绿色金融"融入了自身的发展战略，挖掘地方绿色金融改革的资源市场，积极投身于绿色金融改革示范区的创建。湖州银行开设了许多绿色金融方面的创新业务，其不断创新绿色信贷产品服务——推出"碳价贷"产品，实行差别化融资等，为帮助企业减污降碳融资作出了巨大贡献。

8.1.1 绿色金融服务创新举措

目前，中国的环境问题严峻，经济发展朝绿色发展转型刻不容缓。从"十三五"规划纲要中可以明确得知国家要加快绿色信贷和绿色债券的发展，构建一套完善合理的绿色金融体系。湖州银行作为赤道银行和地方性法人银行，需担负地方经济可持续发展的重任，不断创新绿色金融服务，推动地方经济绿色发展。

1. 发展绿色信贷

作为"绿水青山就是金山银山"理念的发源地，湖州市本身就有良好的生态文明基础。湖州银行作为本土的城市商行，是湖州金融系统的重要组成部分。由于绿色信贷服务能够保证金融机构自身的可持续发展，又能推动地方经济的绿色发展。因此，湖州银行加大了绿色信贷业务的推广力度，增加了在绿色信贷方面的投入，推出了多层次、多方面的绿色信贷产品，构建差异化、特色化和多元化的绿色金融的发展模式。

（1）开发和创新多元化的绿色信贷产品。

近年来，湖州银行推出"绿色园区贷""五水共治贷""绿色产业供应链产品"等绿色信贷产品，在很大程度上为绿色产业发展起到了推动作用；部分绿色信贷产品还被复制推广到其他地区，如"绿色园区贷"就被广泛地借鉴和推广，目前已经被借鉴推广到许多个绿色小微产业园，同时还惠及了多家企业。绿色供应链的发展也在逐步推进，核心企业将更加高效的金融服务提供给其上下游的小微企业，来打造绿色供应链的生态圈。湖州银行为环境修复工程提供资金支持，如"全域生态贷"为土地生态修复工程提供支持，用于开展河道清淤整治、土壤修复等。

湖州银行致力于降低金融资产的碳强度，推出了"碳价贷"服务。"碳价贷"将在贷款周期中长期体现国内碳排放比率变化。核查和发放首次信贷额度将会与以往交易期间加权的平均交易价格有关。在贷款存续的期间，贷款执行利率会根据每季度的配额交易价格波动情况进行调整，如此碳价格就可以直接纳入贷款风险溢价。同时，湖州银行以信贷资源为引导，以此减少企业及项目的碳排放，而企业各方面的碳排放在审查过后会进行披露。

另外，湖州银行一直在绿色债券市场、"投贷联动"、绿色金融个人服务和其他方面的创新，建立了丰富的绿色金融产品和服务体系。

（2）创新支持绿色信贷业务的方法。湖州银行在确定项目方向、降低风险和提供服务这几个方面进行有针对性的创新，以便提高绿色信贷的有效性。提出的创新方法有 3 种：一是推出 4 种颜色的分类体系。根据授信客户在环境和社会方面的影响按优到劣分为绿色、蓝色、黄色、红色。绿色和蓝色的贷款需求会优先考虑，而黄色、红色优先权将置后。二是推出"环保一票否决权"。"环保一票否决制"是指银行对于高污染的项目按照绿色信贷的投放标准有直接否决权，降低该项目对环境造成的污染风险。三是开设绿色审批的通道。开设绿色审批通道是为了提高服务效率而专门配备相关的客户经理来处理业务审批，简化了流程。

（3）加大对"绿贷通"平台的使用推广。"绿贷通"是关于银企对接的服务平台，是湖州市为了推进国家绿色金融改革创新试验区的建设，简化金融领域的服务流程而搭建的。"绿贷通"打造的是一个资金与需求的精准对接平台，主要以解决银企的信息不对称问题为目标，把重点放在为中小微企业提供综合金融服务，以帮助中小微企业增加融资的渠道为抓手，提高金融机构服务的效率和小微企业融资的成功率，打造一个专业且永存的"银企对接会"。"绿贷通"平台将湖州所有的银行机构和信贷产品的信息汇集在内，通过分配相关部门和金融机构的服务资源，促进金融机构服务方式和模式的改善，提高金融服务的质量和效率。与此同时，"绿贷通"会通过与浙江省、湖州市大数据发展管理局的对接和第三方的有关数据，提高银行机构授信审批的效率。大力推广"绿贷通"平台的运用，小微企业可以通过参与平台建设为获得相应的绿色服务通道。

2. 持续提升防控金融风险的能力

湖州银行按"赤道原则"要求建立了与之相符的管理体系,并根据适用性原则将赤道原则的管理方法进行创新,把创新后的管理方法沿用到企业小额贷款的管理中,由此建立起合适小银行环境风险的管理体系,有效提升全行的环境风险和社会风险防控能力。

(1)实现绿色贷款的精细管理。开发完成绿色信贷管理系统,将标准化的环境社会绩效评估体系和方法嵌入系统流程,实施线上管理,提高业务流程的合规性水平。湖州银行开发了全国城市商业银行中首个能够完整覆盖公司全部业务的绿色金融信贷系统,实现了全部的绿色贷款的系统智能识别和环境效益量化测算。同时,不断强化贷后管理,开发上线贷后管理监测系统,累计开展实地贷后检查 7 700 余次,实现绿色贷款贷后监测的 100% 覆盖。

(2)实现环境风险的自动评估。一是开展环境风险数据库建设,采集存量贷款的环境和社会要素,实施贷款的环境效益量化测算,提高环境社会风险管理的精细化程度。环境风险被作为贷款"三查"的一个重要组成部分,将环境风险评估嵌入信贷系统,实现企业环境社会风险的自动评估,减少因环境专业知识的缺乏而造成风险评估的偏离。二是根据风险评估结果将企业环境风险划分为高、中高、中低、低 4 个类别,并作为业务整体风险分类的重要依据。三是实现数据信息的实时获取。大数据、互联网等技术可以被用来实现客户涉诉、涉罚等负面信息的 7×24 小时实时抓取是可以有效解决银企之间信息不对称的问题,帮助银行进行精准的客户"画像"。目前,该行通过加强与大数据局的合作,掌握了涵盖工商、司法、环保等 10 大类的数据信息。

8.1.2 绿色金融服务创新的效果与理论解释

1. 绿色金融为小微企业"融资难"的问题提供新方法

常规的融资方法难以让小微企业成功融资,银行企业之间的信息不对称以及小微企业自身认知偏差等原因都造成了小微企业的融资困难，而绿色金融服务创新由于绿色元素的加入，是企业环保意识加强，同时以环保为贷款条件，提高了贷款的成功率，也满足了小微企业自身的融资需求。湖州银行打造的"绿贷通"的银企对接服务平台为小微企业"融资难、融资贵"问题提供了一个全新的解决渠道，平台可以提供贷款、担保、央行再贷款这三大核心金融要素的服务。"绿贷通"还推出了"银行抢单""上门服务""限时服务"，这三大机制使小微企业融资渠道更加畅通，在一定程度上缓解了小微企业融资难的问题。

结合外部性理论分析可知，绿色金融自身存在很强的正外部性。绿色金融可以帮助实现资金向绿色产业倾斜，并通过这种方式来推进绿色产业的发展，从而实现生态环境的改善，将资源的优化配置合理化，确保可以满足经济的增长诉求。并且可以在这个过程中获取较高的环境效益或社会效益。同时，发展绿色金融可以抑制负外部性的产生。高污染、高能耗和产能过剩（"两高一剩"）行业会对环境造成严重危害，其产生的负外部性可想而知，而绿色金融可以在一定程度上限制对此类行业资金的供给，从而控制其生产的规模，逐渐使其进行绿色转型，减少其对生态环境的危害。

2. 绿色金融推动了地区产业的优化升级

绿色金融主要是通过金融的手段来让金融资源配置、融资结构和信贷投向更加合理化、绿色化，这也是绿色金融的核心。绿色金融通过投资、融资等工具将资金引向低能耗、低排放、低污染的行业，推动了城市的发展和产业的升级。湖州银行将"金融＋"和"生态＋"进行深度耦合，相互促进，并且推出了绿色园区贷、环境污染责任保险等多种绿色金融产品，为多个园区提供了实现统一供能以及污染排放处理的机会，促进了传统小微企业的转型升级。

3. 绿色金融促进了地区环境可持续发展

绿色金融促进地区环境可持续发展总体体现于 3 个不同方面：一

是绿色金融与环境规范制度的协同作用可提升污染治理效果；二是绿色金融通过技术水平的提升可以提升污染治理效果；三是绿色金融通过优化地方产业结构可以提升污染治理效果。

可持续发展强调的是可持续社会、生态以及经济的统一，其核心的原则是共同性、持续性以及公平性，实现人类全面发展。可持续经济强调的经济增长和可持续发展之间的协调一致，更多重视经济发展质量而不是数量，要求经济发展摒弃高消耗粗放型的模式，向集约型经济增长模式转变。大力发展绿色金融正是延续可持续发展理论的体现。绿色金融对资金使用的严格限制，促使资金流转向绿色产业，减少了高消耗高污染产业的资金供给，被迫使此类产业进行调整，推动经济绿色发展。

从生态的可持续来看，可持续发展理论强调的是经济社会的发展要与自然承载力相匹配，不能过度开发资源，注重保护生态环境。这与绿色金融发展理念相同。对绿色产业增加资金供给，一方面，支持绿色企业研发创新，突破技术瓶颈，实现资源损耗的降低；另一方面，支持绿色企业快速发展，替代如今的高污染企业，加强对环境的保护。从可持续社会来看，可持续发展本质在于营造更为出色的生活环境，确保人类的生活品质得以改善，促进社会公平，达到经济社会全面发展的目的。发展绿色金融则是一条可以实现可持续发展目标的有效途径，绿色金融的快速发展增强了公众绿色发展的意识，改善其生活环境的质量，为社会的可持续发展提供有力的保障。

绿色发展的核心是可持续发展理论，也是我国践行绿色金融的必要理论基础。绿色金融将绿色理念带入金融机构和融资企业的日常经营。在经营过程中，越来越多的企业开始更加关注自己的社会责任，重视环境因素，约束自身行为，确保经济社会能实现绿色转型，以此确保可持续发展目标的达成。

8.1.3　总结与启示

1. 商业银行应开展绿色金融业务服务

绿色金融服务在短期内可能会在一定程度上造成商业银行盈利能力的不利影响，可开展绿色金融业务从长期来看，既能增加商业银行自身的盈利，即自身的经济效益，还可以增加社会效益，无论是对企业的可持续发展还是对生态环境的保护都是有益处的。银行可将开展绿色金融带来的银行短期内的业绩下滑考虑在内，做好相应的准备工作来降低其带来的负面影响，早日从绿色金融业务服务的开展中取得正向收益。

2. 绿色金融服务中的绿色信贷应有较为精确的分类标准

绿色信贷的类别细分的准则是引入绿色信贷价格的前提条件。绿色企业与"两高一剩"企业如需要一个界定标准，就要用上一套相对细化的绿色信贷的分类标准，这意味着细化的绿色信贷分类标准可在一定程度上让企业绿色等级的定位更加明确。政府需加强对开展绿色金融服务的银行进行扶持与补助。因为开展绿色金融业务会给银行带来短期内的业绩下滑，开设绿色金融业务也需要一定的成本，这会造成银行的成本压力，政府需要发挥其在市场经济中的调节作用，完善相关的规章制度，为有意向开展绿色金融服务的商业银行提供一定的政策支持，帮助因开展绿色金融服务遇到困难的商业银行渡过难关。因为绿色金融是一种能为社会带来正向影响的金融产品，需要更多银行来开展。

3. 企业应积极参与银行开展的绿色金融服务

随着我国对环境保护的日益重视，企业绿色化转型和发展绿色金融已是必然趋势，企业需要跟随国家整治改革的大方向，顺应绿色金融发展的潮流，着眼于发展节能环保技术，与绿色银行之间建立良好的合作，实现与绿色银行的互利共赢。

8.2 浙江杭州银行科技金融服务创新案例分析

近年来，我国不断加大金融对科技创新的支持力度。从当前的宏观经济环境来看，想要让科技自立自强作为国家发展的重要战略支柱，就必须健全和完善金融支持科技创新的体系（丁锋，2021）。科技与金融相结合是促进实体经济高质量发展、推动地方产业转型升级的关键举措，而当前可以说是科技与金融高度融合的好时期。

科技创新企业是推动社会经济可持续、高质量发展的重要主体，而金融系统的综合服务能力是科技创新企业成长发展的关键因素（张彬、李春晖，2018）。随着科技创新企业不断成长发展，科技创新企业"轻资产、抵押难"等难题越来越突出，成为限制其高质量发展的一大掣肘。科技创新企业大多数只拥有科技专利、知识产权等无形资产，而科技专利、知识产权的价值评估有很大难度，同时缺少厂房、设备等抵押物，商业银行不敢轻易地向企业发放信用贷款，导致科技创新企业"融资难、融资慢"，这一问题尚未得到解决。在如今供给侧改革的大环境下，解决这一问题更是刻不容缓。

因此，为了充分地发挥科技金融的优势，破解科技创新企业的融资难题，杭州银行开展了个性化的科技金融业务模式创新，以更深度地服务科技创新企业。

8.2.1 科技金融服务创新举措

1. 设置 5 项单独的业务管理政策

根据科技创新企业"轻资产、高成长"的特点，杭州银行出台了 5 项"单独"的管理机制，降低了科技创新企业融资的市场准入门槛，提升了金融服务效率。一是单独的客户准入机制。除了传统的银行信用评估标准外，杭州银行还为科技金融客户创设了分层级管理体系，各层级的科技金融客户在体系中都拥有其专属的身份标识。那些不被传统银行所认可的科技创新企业，如果能通过总行审核，也能够获得银行融资。二是单独的授信审批机制。杭州银行奉行"风险管理前移"的政策，总行派出专职人员审查科技创新企业，向市场与用户靠拢，简化了之前烦琐的审批过程，提升了审批的效率与质量。三是单独的风险容忍政策。杭州银行考虑到科技金融业务自身的风险特点，对科技金融业务单独实行的风险容忍度一般为普通业务的2倍。同时，对科技创新企业和相关的业务实行人员实行综合评价和例外政策。四是单独的业务协同政策。为了能够充分地利用其他分支机构的资源，杭州银行在坚持专营化的同时，对其他支行网点推行单独的业务协同政策，拿出一定的资金，为其他网点机构推荐和开展的业务活动给予"双边奖励"。五是单独的薪酬考核政策。杭州银行出台了科技金融客户专项的考核办法，针对科技创新企业制定了差异化的绩效考核评价方案，降低了科技创新企业资本报酬率的内部考核要求，同时将政府财政性补贴纳入企业收入的考核，以给予企业发展科技金融业务的信心。

2. 根据科技创新企业的不同生命周期，提供差异化的服务

为了满足科技创新企业不同生命周期的发展特点及基本需求，杭州银行开发了 CDPA 的科技金融服务体系。该体系以客户为本，针对客户的特点和需求，利用优质的产品和服务，推动客户可持续发展。杭州银行着力构建覆盖全生命周期、全生态渠道、全资产经营的产品创新体系，具体包括"科易贷""科保贷""成长贷""银投联"等七大产品。其中，"科易贷"以人才创业为聚焦，以人定贷，为知名高校、知名企业及各级政府引进人才提供最高 300 万元的信用贷款。"科保贷"聚焦于政策担保，以保定贷，解决企业"融资难、融资贵"等难题。"成长贷"聚焦于行业成长，以销定贷，为纳税销售收

入超过 1 500 万元的高成长型科技创新企业提供最高 1 000 万元的信用贷款。

3. 根据科技创新企业的特点，全面创新融资产品

杭州银行在科技金融机构设立了"创新产品实验室"，针对科技创新企业存在的"轻资产、高成长"的特点提供专门的服务，解决其融资问题。杭州银行重点研究并开发知识产权、企业无形资产等质押方式，如"存货质押贷""知识产权质押贷"等无须企业提供外在抵押的创新信贷产品，以解决科技创新企业缺少抵（质）押物的问题，从而为众多的缺乏固定资产却具备核心创新能力的科技创新企业在发展的不同周期提供相应的资金。杭州银行通过科技金融机构，引导政府从直接资助科技创新企业转向优化企业的融资环境，以更有效地发挥政府财政资金的杠杆作用。杭州银行通过积极推广风险池基金，整合政府、银行和担保公司的三方资源，合作建立了"基金宝""孵化贷"等信贷模式，通过风险共担的原则，转移杭州银行对科技创新企业的信贷风险，提升杭州银行投放信贷业务的积极性。

8.2.2　科技金融服务创新的效果与理论解释

1. 科技金融服务创新效果

科技金融对前景良好、代表着未来科技发展方向的科技创新产业提供资金支持，从根本上解决了科技创新企业融资面临的难题，在极大程度上促进了经济结构的调整、推动了创新创业发展（汪淑娟、谷慎，2021）。

如今，科技金融服务不但已经成为杭州银行核心业务的重要组成部分，也为经营区域营造了有助于科技创新产业发展的金融环境，在市场上形成了良好的商业口碑。作为一家城市商业银行，杭州银行充分发挥自身的资源优势，发挥科技金融的优势来营造自己的服务特

色，其全面创新业务模式的举措对解决科技创新企业的融资困难问题有极其重要的现实意义。

杭州银行针对科技创新企业自身的特点，发放种类丰富的信贷产品，给予企业更多选择的余地。银行与政府、担保公司等共担风险，增强了杭州银行对科技创新企业提供信贷服务的信心与积极性，为科技创新企业积累信用和后续信贷业务奠定良好的信用基础。在实际操作过程中，提高了授信的效率，便利了银行和企业双方，节省了时间成本。高效的融资服务，使得杭州银行与更多的科技创新企业建立了合作关系，为科技创新企业发展所需的资金提供了信贷来源，为科技创新企业的成长壮大注入了发展动力。

2. 科技金融服务创新理论解释

科技金融是科技创新与金融资本的互动。金融资本在投资新兴经济部门的同时，对传统产业谋求高额的报酬，以推动新兴产业的萌芽和经济的可持续发展，是科技金融作为一个独立的产业存在和发展的基本原理。不同行业、领域开展的技术创新总是激发现有的金融体系涌现出与之相匹配的金融创新。这些创新，不论是新的信贷产品和融资工具等，还是新的投资机制和金融机构等，都是为了专门适应科技创新而生的金融和技术创新。在科技金融的发展过程中，这一模式的创新将金融行业的服务性质充分体现出来。

首先，科技金融服务创新作为一种制度上的创新，突破了原有的旧体制对科技创新的约束，完善了社会、企业创新的环境，很大程度上激发了社会创新的朝气与活力。科技金融是一项极为复杂的社会系统工程，涉及多个产业的多个部分，通过科技和金融服务体系的改革与创新，在划分组织职责、拟订制度规范、形成协调机制等方面，需要创建相应的制度机制以及组织体系，从而实现对科技创新投入更为积极的保障、引导和激励，以激发各类科技创新主体的创造力和生命力。其次，科技金融创新作为一种金融工具设计创新，调动了从政府到市场等各类资金发挥作用，及时、合理、高效、科学地配置科技创新资源，将其运用到科技创新活动中去，进一步构建了科技创新与社会经济发展之间的通路，发挥企业作为科学技术创新的主体力量，发挥市场作为资源配置的核心力量，提高资源创新配置的效率和质量。最后，科技金融创新作为一种增量的创新，并不是对存量的单纯增加或改造，而是可以和技术创新相匹配的新颖的服务模式。科技金融创新将成为实体经济高质量发展的重要组成部分，同时也为新的经济模式的萌芽和发展提供重要支撑。

企业在向银行贷款时需要有抵押品，而科技创新企业面临的难题正是知识产权、科技成果的评估定价很难，因此造成融资不足或者融资速度很慢。但如果没有充足的资金支持，企业就没有办法在科技研发方面投入大量资源，从而导致其发展的进展放缓甚至停滞不前。大多数科技创新企业具有"研发周期长、投资回报慢"的特征。杭州银行的科技金融服务创新，在不要求科技创新企业提供抵押物保障的情况下，先为科技创新企业提供了信贷服务，充分给予科技创新企业更多的时间以及机会，使得科技创新企业有充足的资金研发创新。当科技创新企业的研发成果转化为极大的经济增长后，这也会反作用于银行和市场，二者相互助力，推动我国经济的可持续发展。

在杭州银行科技金融服务创新的过程当中，政府和银行之间也建立了一种相互补充、相互促进的关系。杭州银行积极地将科技金融资源配置到实处，为科技创新企业提供各类针对性的科技金融服务，极大程度上增强了科技创新企业的融资能力和竞争力。政府则通过出台扶持、监管政策，优化、完善科技金融创新的社会环境、制度环境，在对科技创新企业的活动提供直接或间接的资金支持的同时，加强监管、激励和约束。这些协同合作实现了政府、银行、企业的价值共赢。

8.2.3　总结和启示

1. 总结

金融是实体经济的血脉，科技是产业升级的核心。要充分认识科技和金融是转变经济结构和推动产业升级的两大引擎，高度重视对科技和金融的结合，牢牢把握科技金融的作用和优势。科技金融是经济发展的重要支撑，构建丰富、多元化的科技金融服务支持体系，对于促进科技金融创新，推动科技创新企业发展具有积极意义，有利于帮助科技创新企业解决"融资难、融资贵"等问题，进一步促进地区经济的高质量、可持续发展。

杭州银行利用科技与金融结合发展，精准对焦科技创新企业的融资等需求，创新很有针对性的业务模式，为科技创新企业发展提供切实的服务，较大程度上解决了科技创新企业"融资难"的问题，为企业注入健康、持续的发展动力。同时，杭州政府与杭州银行互相补充、互相合作，不仅支持了科技创新企业的发展壮大，也推动了社会经济的高质量、可持续发展，实现共赢。

2. 启示

商业银行要抓住机遇，大胆创新，发展科技和金融服务。认真总结杭州银行科技金融服务创新的发展模式，借鉴国内外的先进经验，把握思维内涵，决策重点，结合社会的经济环境和自身的实际情况，进一步扩大银行服务的覆盖范围，加快科技金融的发展。

政府要完善政策、优化环境，梳理、调整现有的政策，根据实际情况出台新的政策，积极整合、利用各方的优势资源，加快引进更多的科技金融服务资源，搭建更多的优质基金投资平台，为银行、企业营造更好的科技创新发展环境。

政府和商业银行要协同合作，按照风险共担、利益共享的原则，加大对科技金融的投入力度，充分发挥科技金融给企业、经济的高质量发展带来的优势作用，探索科技金融服务创新的个性化之路。

8.3　浙江某银行数字金融服务创新案例分析

8.3.1　数字金融服务创新举措

1. 数字金融创新背景

随着实体经济的高质量发展，经济、金融领域的新问题与新挑战不断增多，金融供给不均衡、不完善与金融需求多层次、多样化的矛盾仍较突出，金融机构服务实体经济的能力和水平亟待提高。一方面，近年来普惠金融虽有发展但进程迟缓，金融机构放贷成本及风险高、金融服务可获得性低、可持续性差；另一方面，作为长期以来不受金融机构重视的群体，中小微企业与"三农"的融资难现象急需高度关注与重视，针对这些"弱势群体"的小额信贷服务存在不足。而数字化时代的到来大大改变了这一现状，互联网技术为普惠金融的发展以及中小微企业和乡村地区的享受高质量信贷服务提供了全新的契机，数字技术结合普惠金融创新成为大势所趋。

由此，将普惠金融作为银行发展使命，利用网络信息技术、数据和服务渠道创新，帮助解决小微企业融资难、融资贵、农村金融服务匮乏等金融服务难题，推动我国实体经济不断壮大的浙江网商银行应运而生，其在数字金融领域做出的一系列创新举措获得较好成效。

2. 浙江网商创新服务

普惠金融特别是小额信贷在我国仍较为薄弱，难以对中小企业和乡村地区发展形成有效助力，信贷需求无法得到满足，小额信贷供需严重失衡。对于传统的小额信贷而言，客户硬信息缺失，软信息获取成本过高，造成小额信贷机构成本高、风险高、收益低，可持续性不强。浙江网商银行依托互联网技术和大数据平台，顺应数字时代客户行为和数字普惠金融发展趋势，对小额信贷进行数字化创新，解决小额信贷服务成本高、风险高等问题，其主要有网商贷以及旺农贷两款小额信贷产品。

（1）网商贷。

目前中小微企业小额借贷存在两大难点。首先是中小微企业信用记录不足、质押物缺乏、单笔业务成交费用过高而实际收益较少，传统金融机构由于向小企业放贷时存在着信息不对称、信用风险过高、收益和成本不匹配的问题而惜贷；其次是中小微企业向传统金融机构获取信贷的手续复杂，难度大，贷款申请审批缓慢，使得中小型企业难以应对短期、频密、紧急的融资需要。针对这两个难题，浙江网商银行推出网商贷服务。网商贷（见图 8-1）依托实体经济背景和阿里巴巴、蚂蚁金服等数字平台优势，获取长期积累的客户行为信息，以评定企业的信用等级，并向他们发放"金额小、期限短"的纯信用小额贷款，提供综合的金融服务。

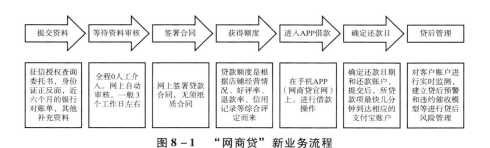

图 8-1 "网商贷"新业务流程

网商贷通过使用第三方交互验证方法访问网络数据，并进行在线调查，判断信贷用户信息是否真实可靠，同时在数字平台上获取的客户行为信息，进一步评估中小企业的信用价值和信用等级，使信用作为企业的财富。

网商贷为更好地服务中小企业，其贷款无须任何抵押，获贷时间迅速，并且还款也十分灵活。贷款的依据就是企业的信用，没有任何抵押担保。网商贷的贷款工作全程都可在线上进行，整个流程无人工参与，随时都可以完成贷款，而且操作简单，包括递交资料、等候资金审批、签约、获取贷款额度。

通过线上 APP，客户仅需要 30 秒的时间就能够完成网商贷在线申请，申请最快 3 分钟之内通过，并发放贷款资金给客户，获贷时间极短，能有效满足客户短期、频密、紧急的融资需要。

（2）旺农贷。

浙江网商银行于 2015 年推出旺农贷服务，支持乡村地区的振兴发展。旺农贷借助村淘合伙人的力量，了解当地村民的基本情况，并依托浙江网商银行风控政策与模型，为具有购买农资农具以及农产品销售服务的乡村地区用户提供综合的金融信贷服务。与网商贷一样，农村养殖户、经营者享受旺农贷服务时，依然属于纯信用贷款，凭借用户的信用数据进行借贷，并不需要向银行提供任何的抵押质押物。通过大数据支持和村淘合伙人帮助，浙江网商银行构建出了可以使农村用户享受到平等便捷的普惠金融服务的农村信用体系。对于部分较少甚至没有客户行为信息和网络数据的用户，浙江网商银行在旺农贷的基础上，实行"龙头企业＋互联网信贷＋保险"与"普惠金融＋智慧县域"的创新模式，成功解决了这类特殊用户的信贷问题（见图 8 – 2）。

8.3.2 数字金融服务创新的效果与理论解释

1. 经营效果

根据浙江网商银行官网披露的 2020 年度报告，尽管处于疫情期间金融业务不景气的背景下，银行服务小微客户数和净利润一直处于稳步增加的趋势，同时保持住了较低的信贷不良率，经营业绩突出，

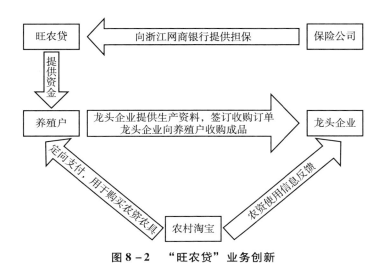

图 8 - 2　"旺农贷"业务创新

得到了各界的关注。年报表明，截至 2020 年底，浙江网商银行服务小微客户数增长近 7 成，累计服务中小企业以及个体经营者 3 507 万户。

　　此外，网商银行持续深耕农村金融服务，县域普惠金融服务覆盖面持续扩大。截至 2020 年底，网商银行已与全国 750 多个乡村地区签订合同，在为当地"三农"客户提供数字金融服务的基础上，对当地农业特色优势产业提供完整产业链的金融服务，为他们提供强有力的金融支持，助力农业产业实现高质量发展，不断壮大我国实体经济。而能取得这样的成绩，浙江网商银行在产品模式上的创新起到了重要作用。

　　普惠金融在我国发展多年，在乡村地区难以大力开展的很大原因，在于乡村地区的农户信用数据缺口较大，信贷成本较高，风险无法把控。为解决这一问题，网商银行在产品模式上加以革新，创新性地推出"龙头企业 + 互联网信贷 + 保险"的模式，以此完善旺农贷，从而获取更多的客户数据。

　　2018 年，浙江网商银行根据现有的信贷模式，大力开展与各地政府之间的合作，打造"普惠金融 + 智慧县域"模式。网商银行结合政府在公共服务中产生的数据，协同各地政府建立区域专属授信模型，致力于为农户提供纯信用贷款，对农户的生产经营提供了巨大的支持。截至 2020 年底，网商银行这一模式已经推广到 20 多个省（区、市），在 600 多个县及 30 多个市都能看到网商银行这一模式的身影。

在产品模式的创新下，小额信贷的普惠性有了很大的突破。网商银行以数字信息为依托，借助龙头企业、保险公司和政府的力量，有效降低了银行发放小额信贷的风险。线上交易的方式，使得银行能够获取更多的用户数据，成为信息有利的一方。此外，在这一过程中，农户借贷信用等级也得到了相应的提高，龙头企业和政府为银行与农户的借贷构筑桥梁，而保险公司的加入，又将桥梁筑牢，银行借贷更加放心。

2. 风险控制效果

陆岷峰（2021）认为，商业银行属于间接融资性质，因此，其信贷投放必须有风险转移、化解渠道。对于小额信贷而言，风险控制更是重中之重。网商银行实现"310"模式：3 分钟放贷，1 秒钟放款，0 人工介入的底气，正是来源其长期积累的风险控制技术和风险管理上的创新。不同于传统的风险预测模型采取的普通风险算法，对风险的把控不够完善全面，网商银行通过信息平台所得到的实时数据进行风险评估，以收集到的用户数据信息为依据，搭建关系型网络。

借由这些大量的网络数据和对信贷产品的研究把握，网商银行可以将中小企业以及乡村用户的信贷风险指数进行量化分析。在支付宝等网络平台上的交易数据、浏览记录、用户支付方式等百余项指标，都能为浙江网商银行识别客户风险，做好评估提供强有力的支撑。

网商银行通过对这些数据的处理分析，更研发出了包括上下流追踪、"滴灌"等一系列的风控模型，这些风控模型对贷款前对借贷人的信用评分、借贷过程的实时监控追踪以及借贷后的预警催收都起到了不错的效果。尤其是在网商贷上，风控模型大大减少了风控成本，银行成立至今，一直将信贷产品的不良贷款率维持在较低水平，并且产品对大数据技术的充分运用，有效拓展了产品的覆盖范围，人工成本得到降低，银行也可以对更多中小微企业进行普惠金融服务。

3. 理论分析

（1）基于信息不对称理论的分析。

金融市场上的信息不对称指的是在金融市场上的两方，他们所拥有信息数据不对等，简单理解就是，在金融市场上，信息获取认识上存在差异，若某一方所拥有的数据信息更加的全面，那么在两方的交易过程中，该方将会有较大的优势，其承担的风险也会较小。在信贷市场中，银行惜贷与企业融资难的问题，从微观层面上讲，其根本原因在于信息不对称。特别是在小额信贷的不断发展中，信息对于金融机构评估客户信用风险而言越发重要。

一方面，在信贷服务中，可能存在部分恶意用户隐藏真实的资金情况，并将其所得到的信贷全部用于高风险项目，如果项目失败，将直接损害贷款人的利益，并且由于收集信息的高成本和复杂性，贷款人对信息的获取处于不利地位；另一方面，借款人恶意拖欠、拒还贷款。信息不对称带来的相关风险也会在很大程度上影响了那些信用评级高的借款人的融资需求。

因此，网商银行采取相应举措，首先将借款人的贷款转化为信用财富，鼓励其提高自身信誉；其次，利用数字平台和产品模式创新，降低信息获取成本，全方位收集客户信息，加深对客户信用状况的了解。

（2）基于长尾理论的分析。

基于数字时代背景下的"长尾"理论认为：只要产品的存储和流通的渠道足够大，需求量不大的产品所蕴含的市场能量也可以和那些数量不多的热销产品的市场能量相抗衡。对于普惠金融来说，那些受到金融机构青睐的大企业便是处于"头部"的热销商品，而这些得不到重视的中小微企业以及乡村客户属于冷门的"长尾"。

以中小微公司为典型代表的"长尾"金融服务有着可以深入挖掘的市场发展前景，这是因为备受金融机构青睐的大型企业金融市场竞争十分激烈，相对地，其可获得的金融价值受到削弱。与此同时，数字金融的低成本、高效率与"长尾"市场融资需求相匹配，在推动大量金融资源流入中小微公司存在着优越性。网商银行通过对小额信贷产品的数字金融创新，全面挖掘处于"长尾"的中小微企业和"三农"市场。

8.3.3 总结与启示

数字技术为小额信贷提供了巨大的机遇，浙江网商银行充分发挥了大数据和云计算的优势，创新了产品模式，建立了一批可以识别、分析和控制风险的数据模型，为其小额信贷产品提供了可靠的风险防范机制。浙江网商银行建立的智能服务系统，也有效降低了贷款成本。这一系列的数字金融创新使得浙江网商银行在小额信贷服务上取得了不错的成绩。

以浙江网商银行基于实体经济背景下对数字普惠金融的创新案例为借鉴，其他金融机构可以通过网络信息数据、搭建智能服务平台等方式，让有信用且有信贷需求的中小企业与乡村用户得到辨认，并予以他们信贷服务，满足他们对于"短、急、频"的小额信贷的需求。并且，通过对大数据信息技术的提升、线上交易方式的拓展以及与企业、政府的合作，大幅提升机构风险管控能力，降低给"长尾"客户的信贷成本，构建牢固的互利共赢关系。

数字普惠金融的创新是未来的发展趋势，各金融机构需要借助大数据技术的力量，突破物理限制，围绕信贷风险控制、成本和信用等级，解决传统金融信贷机构对"瘦"客户信贷服务"不普""不惠"的问题，同时联合多方，共同献力，才能在真正意义上为我国的普惠金融赋能。

第9章

长三角一体化背景下浙江金融服务创新的实现路径与保障机制

9.1 金融服务创新的实现路径

金融服务是指金融机构利用金融交易为有价值的项目提供资金，并为金融行为人和客户提供互利和满足的活动。在高质量发展理念指引下，浙江通过服务对象创新、服务内容创新、服务手段创新等路径实现金融服务创新，切实推进金融供给侧改革，提升金融服务水平，最终推动浙江实体经济实现高质量发展（见图9-1）。

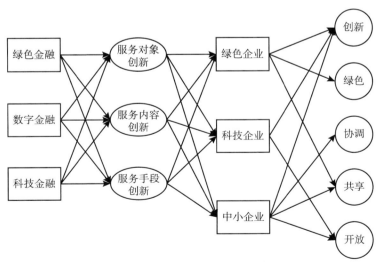

图9-1 金融服务创新与高质量发展理念的关系

9.1.1 服务对象创新

传统的金融服务对象主要是大型企业或组织，金融服务没有体现出普惠性，忽略了同样具有金融需求的"中小微弱"群体——中小微企业以及在金融服务中处于弱势地位的弱势人群，包括农户、低收入人群等。浙江省金融服务创新应扩大服务范围，为中小微企业、乡村和个体工商户提供金融服务。

1. 对企业的金融服务创新

金融机构在审批贷款时会依据企业的信用等级进行筛选，大型商业银行往往倾向于为大型项目和企业提供金融服务，而中小企业、科技企业和绿色企业等面对传统授信模式，信用度被低估且缺乏传统抵押物，很难获得融资。浙江省于 2018 年启动"银商合作"计划，通过搭建云平台降低企业融资门槛，平台融资范围辐射中小企业、科技企业和绿色企业等群体，提供绿色低碳、技术创新、普惠金融等融资服务项目。

（1）对中小企业的金融服务创新。我国传统金融体制存在属性错配、领域错配、阶段错配等问题，导致我国中小企业难以发展为"专精特新"企业。为解决这一难题，浙江省应大力发展数字金融，拓宽融资渠道、缓解信息不对称问题以破解中小企业融资难题，从而激励中小企业进行科技创新，向"专精特新"发展。同时，数字技术的进步通过将中小企业的融资需求与金融机构服务供给对接，提高了金融普惠性，有利于提高社会创新力，进而推动实体经济发展。

（2）对科技企业的金融服务创新。科技企业作为推动社会经济发展的重要主体，具有"轻资产、高成长"的特点，商业银行由于无法有效评估科技企业的资产，不敢轻易为科技企业提供贷款。浙江省加快构建"科技＋金融＋产业"发展战略，通过"科技金融投入—现金比率提高—创新绩效增加"的传导路径对金融机构实施风险补偿机制，引导银行扩大对科技型中小企业的信贷支持。科技金融的资金投入使科技企业现金比率增加，有能力进行科技创新，提升了域内科技企业技术创新能力，为企业发展注入了活力。

（3）对绿色企业的金融服务创新。在国家"3060"环境目标的要求下，浙江省积极贯彻"绿水青山就是金山银山"的发展理念，创新绿色金融业务，推动绿色企业发展。浙江早在 2016 年就提出了《浙江省碳排放权交易市场建设实施方案》，提出发展碳信托、碳基金、碳债券等碳金融产品，鼓励企业开发 CCER 项目。在第 4 章、第 5 章中笔者对绿色信贷推动浙江省实体经济高质量发展的耦合与效率以及绿色金融推动浙江省实体经济高质量发展的作用路径进行了评估，发现绿色金融、绿色信贷能帮助企业摒弃传统、落后、高能耗的生产方式，转向高效、环保、绿色生产，同时运用绿色金融提升环保企业的技术实力，促进产业结构升级，助力经济高质量发展。

2. 对乡村的金融服务创新

浙江省根据乡村振兴战略要求省内金融机构制定"三农"信贷计划，通过绿色金融、数字金融手段，帮助农村构建新兴农业生产体系，扩大农户增收渠道。浙江省按照"严格准入、分类管理、市场经营、风险可控"的原则，加大对农田水利、农村土地整治、农村基础设施和农业综合开发的信贷支持力度，做好农村金融服务进村社、农村阳光贷款工程和金融创新惠民工程，进一步加强和提高农村金融服务水平。

3. 对个人的金融服务创新

浙江省民营经济发达，截至 2020 年 6 月底，省内登记在册的个体工商户数量达 498.15 万户。个体工商户或以家庭或以个人为单位进行经营活动，金融机构往往由于对个体工商户的实际经营情况研判过于困难而忽略个体工商户的融资需求。2021 年 5 月 12 日，浙江发布《关于进一步加强个体企业金融服务的通知》，提出金融机构要优化个体企业融资环境，把纳税、用工验收、业务量和信用度作为个体工商户信贷准入的重要基础，拓宽个体企业服务范围，简化审批程序，提高个体工商户信贷准入。

9.1.2 服务内容创新

过去金融服务的内容仅限于贷款、保险等业务，缺少为客户提供个性化、满足客户潜在需求的内容，在长三角一体化背景下浙江金融发展亟须实现服务内容的创新，通过传统服务内容创新和普惠金融创新来推动经济高质量发展。

1. 传统产品创新

在打造共同富裕示范区的历史使命下，浙江进行了绿色金融、数字金融和科技金融的金融创新，在创新过程中浙江推出了新的贷款、保险方式。

在绿色金融方面，浙江省鼓励商业银行将企业排污权、碳交易权纳入抵押质押范围，支持保险业推出养殖业保险、环境污染责任险、绿色企业安全生产责任险等绿色保险产品。长三角地区还提议共同开发基于碳捕获的创新产品，并向综合示范区内符合条件的企业提供CCER 押金、碳信用和碳回购等服务。

在科技金融方面，浙江省推出"浙科贷"专属融资服务项目、"创新保"专属保险服务项目，为省内的科技企业或科研机构提供专属金融服务。浙江还建立了优质科技型企业名录信息共享机制，引导金融机构为名录内企业提供专属利率优惠和信贷额度，支持金融机构提供科技创新基金等全流程金融服务。

在数字金融方面，浙江依托数字经济一号工程构建了"数字＋金融＋科技"的"三链融合"服务，运用区块链技术打造"杭州 e 融"平台，为平台用户提供融资中介服务。浙江省还与蚂蚁金服集团等金融机构合作，利用数字支付技术为小微企业和个人用户提供贷款保险服务。

2. 普惠金融创新

随着经济社会的发展，人们对普惠金融，特别是小额信贷的需求大大增加，金融机构需要将信贷资源投放给一直被忽视的"三农"群体和中小微企业。

浙江省鼓励金融机构助力"三农"问题，在乡村设立服务点，通过提供小额取款、转账和汇款等基本金融服务来帮助农民，并为农村产业园区或农民个人提供贷款支持和抵押担保。2019 年 11 月 4 日浙江农村信用合作社与上海农商银行联合发布方案，支持长三角区域综合金融服务一体化发展，向浙江省内农村提供"农村土地经营权抵押贷款""农产品商标质押担保贷款"等产品，进一步推动长三角地区乡村振兴。

2021 年 4 月 12 日浙江省办公厅发布《浙江省小微企业三年成长计划（2021～2023 年）》，提出应拓宽小微企业融资渠道，鼓励金融机构创新小微企业金融产品。在通过货币政策和财税政策加大对民营企业的扶持力度，优化普惠金融的政策环境的同时，通过网络银行、民营银行等新型普惠金融机构，为民营企业提供专业化服务。金融机构借助大数据、人工智能等技术拓展对小微企业知识产权、专利的质押评估，为企业创新提供资金。

9.1.3　服务手段创新

1. 数字技术创新融资方式

浙江利用数字经济一号工程发展了如大数据、人工智能、区块链等数字技术，金融机构运用数字技术手段开发金融科技进行金融服务创新。随着数字技术和金融的深度融合，诞生了新的支持实体经济发展的金融服务，如绿色金融、数字金融和科技金融等。

在绿色金融方面，浙江省打造了全国首个区域性 ESG 评价数字化系统，将企业的碳指标引入系统，实现了碳排放指标自动化计算、自动化监控。通过 ESG 评价系统，浙江省初步建立起碳交易市场，系统引导金融机构进行碳资产评估流程优化，使金融机构能够快速高效识别企业碳融资项目，加大对绿色低碳领域的金融支持力度。

在数字金融方面，浙江省依托省内的金融科技中心，聚焦区块链、云计算等数字技术打造城市大脑，在金融与民生服务系统领域实现串联合作，推进数字金融在公共服务方面的应用。浙江省加快推广 5G 技术，稳固了自身在移动支付领域的领先地位，鼓励银行开发网上银行，打造智能化、场景化的移动支付体系。浙江还与上海国际金融中心合作，着力打通长三角地区数字金融人才、资源、技术、资本等要素自由流动的通道，主动加入 eWTP 平台，拓展境外数字金融场景，提升金融国际竞争力。

在科技金融方面，浙江作为互联网大省，互联网科技金融通过自带的大数据、云计算等数字技术满足了科技型中小企业的金融需求。浙江运用区块链技术对科技企业的经营状况、抵押品等进行信用记录，从而对科技企业进行评级划分，金融机构为经过认证的科技企业提供专项贷款投资，缓解科技型中小企业融资难、融资贵问题。

2. 平台拓展创新融资渠道

针对金融机构间信息共享程度低、企业信用评估困难、银企供需对接效率低的问题，浙江推出了金融综合服务平台，以推动金融更好地服务实体经济。

2018 年，浙江省提出了"数字产业化、产业数字化"的行动口号，积极推动企业数字化、智能化转型，支持企业将供应链平台与银行对接，形成供应链融资平台，实现产业链的信息流、物流、资金流一体化。有贷款需求的企业在平台上发布需求后由平台为其智能匹配金融机构，并为企业精准推送符合要求的金融产品，为金融机构和企业打造有效的对接渠道，实现高效服务实体经济。

浙江省还积极发挥政府作用，引导跨行业、跨部门、跨地区的信息集成，在加快供应链中核心企业的贷款信用评估的同时还帮助处于供应链末端的中小企业获取核心企业的信用授权。平台打破了中小企业的"数据孤岛"，针对中小企业开发了一系列信贷产品，降低了中小企业的信贷准入门槛，缓解中小企业融资难题。

金融综合服务平台运用金融科技，与工商、税务、环保等部门实现数据共享，对企业信用情况构建了完善的数据质量评估体系和监管系统，金融机构可以随时调取信贷评估所需的数据，降低了金融机构的信用评估成本和金融风险。金融综合服务平台为金融机构和企业打造了合作桥梁，通过平台可以实现浙江省"最多跑一次"的行政目标。

9.2　金融服务创新的协同保障机制构建

金融服务创新协同保障机制至少应该具备 3 个功能，即能够促进金融创新、防范金融风险、推动金融服务经济。金融服务创新协同保障机制的 3 个功能与 5 个维度之间存在着多向关联和相互作用。首先，金融产品创新能够直接促进金融创新，金融市场的机制变化能助力绿色金融、科技金融、数字金融，从而促进金融创新，而政府出台的一系列制度、法律等都能推动金融机构根据政策变化进行金融创新。其次，金融风险作为能够对国民经济产生严重威胁的隐患，必须从制度建设、风险控制、法律保障等维度进行防范，一个高效运作的金融市场机制也能降低金融风险。最后，强化金融服务实体经济的能力归根结底需要通过市场机制来实现，而金融创新是驱动实体经济发展的重要动力，政府层面的制度建设、风险控制、法律保障是金融服务实体经济的重要保障。金融服务创新协同保障机制可由图 9 - 2 所示。

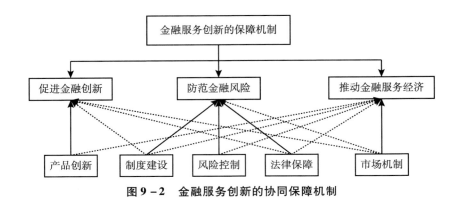

图 9 – 2　金融服务创新的协同保障机制

9.2.1　法律保障

2020 年 5 月 15 日浙江省人大通过了《浙江省地方金融条例》，明确了金融改革发展法律服务的要求：加强对地方金融的监督管理，防范和化解金融风险，维护区域金融稳定，促进地方金融健康发展，引导金融服务于实体经济。

（1）法律应当为金融服务创新提供服务。排除金融机构数字化进程中存在的法律障碍，对新型金融组织出示法律解释；关注金融创新业务中的法律问题，从法律的层面加强对科技贷款、小额贷款和信用保险、商业保险理赔等问题的司法解释；加强对银行保单质押、知识产权质押、碳权质押等新型金融产品的研究，提供针对性的法律服务；积极参与开发金融机构的中小微企业和"三农"金融产品，针对中小微企业及"三农"的特点，帮助建立金融产品法律架构。

（2）法律应当为防范金融风险服务。由政府出台法律，加强规范民间金融的法律服务试点，提供合法渠道将民间资本引入金融部门，支持民间金融的合理、合法发展，促使更多的民间资本投资于实体经济；保护合法的民间借贷法律关系，打击高利贷、非法集资等非法金融活动，提高资金使用效率。运用大数据、云计算等现代信息技术建立法律风险控制体系和预警机制，从法律维度赋予金融监管机构部分监管规则制定权、刑事调查权和金融风险紧急处置权。

（3）法律应当为发展地方经济服务。为符合条件的发行私募债券和短期融资债券的民营企业提供法律风险论证等服务；加强对全省农信联社系统的法律服务，鼓励金融机构建立行业自律组织，为金融机构当好法律参谋，维护地方金融市场秩序，提升地方金融服务实体经济的能力。

9.2.2　制度建设

我国金融发展一直呈现"重实践，轻制度"的局面，随着数字技术的不断发展，原有的货币政策和行政制度不再符合当下的金融发展趋势，浙江省应当对金融制度进行深化改革。

（1）深化金融"三服务"能力。2021 年 10 月 12 日浙江省发布《关于在全省实施金融顾问制度的指导意见》，提出由省内金融机构、会计师事务所、律师事务所等相关单位委派金融顾问，为政府和企业提供投融资服务、风险防范等方面的咨询服务。金融工作的出发点和重点是共同富裕，浙江省着力推动金融为企业、群众和基层服务，使金融为实现实体经济高质量发展助力。

（2）加强对金融机构的绩效考核。浙江省对银行业金融机构落实差异化监管措施，定期金融机构的"支农支小"贷款进行监测，全面掌握"支农支小"贷款的总量、占比、利率等信息。省金融监管局、省银保监共同对金融机构进行考核，完善金融机构内部激励机制，提高金融机构服务小微企业和"三农"的积极性。

（3）发挥政策性金融的支持作用。政府、银行、企业三方应当通力合作，发挥政策性金融的引导作用，激励市场主体投身绿色金融、科技金融、数字金融等领域，优化金融资源的配置，将社会资本的杠杆作用引入实体之外，还能确保中央银行的资金和地方财政资源切实应用到实体企业。但同时需注意政策性金融支持引发的企业骗补等可能，对金融支持进行实时监管，例如，在第4章中笔者研究绿色信贷推动浙江省实体经济的耦合情况后提出浙江省应当健全企业绿色信贷使用监管与违规处罚制度。

9.2.3 市场机制

浙江省民营经济发达，金融市场规模大而管理困难，面对省内融资体系资源配置效率低下、直接融资结构失调等问题，浙江省运用数字技术激发市场活力，依托长三角的金融资源优化自身融资结构，促进金融市场高质量运行。

（1）搭建数字化平台，提高资源配置效率。浙江省利用区块链、大数据、云计算等技术在"浙里办"搭建了统一的金融综合服务平台。此外，金融机构也开发了自有平台，比如第8章浙江省商业银行金融服务创新案例中湖州银行的"绿贷通"平台、杭州银行的风险池基金、浙江网商的线上 APP，以及浙江省碳排放权交易平台。数字化平台完善了市场交易体系，有利于政府进行监管，并提供了资金与需求精准对接的渠道，提高了资源配置效率，实现了金融与产业、企业、公共数据的集成，解决了金融领域存在的信息共享不畅、信息审核困难等问题，缓解了中小企业融资难题。

（2）完善多层次直接融资，优化融资结构。浙江通过与上海证券交易所合作，建立再融资制度、推进区域性股权市场建设，建设了直接融资和间接融资相协调的金融市场体系。浙江省应重点加大对制造业、民营企业、小微企业和"三农"领域的支持力度，增加制造业中长期融资，坚持创新驱动发展战略，发挥绿色金融推动经济可持续高质量发展、科技金融助力高新技术企业提升创新绩效、数字金融赋能中小企业专精特新发展的作用，为实体经济发展提供更高质量、更有效率的金融服务。

9.2.4　风险控制

浙江省金融风险控制应以建立健全金融风险防范机制为抓手，以防范系统性金融风险为主线，重点建立不同类型金融风险的感知、识别、研判机制，以及信息共享机制，实现风险量化消除的闭环控制。

（1）建立健全金融风险管理制度及细则。浙江省应当形成"顶层设计 + 支撑保障"的金融风险保障制度框架，各级政府要牵头建立企业资本外逃风险防控和补救机制，有关部门要共同建立沟通机制，加强对企业联动监管。政府、金融机构、企业应当发挥各自优势，跟踪资金运用情况，防范企业资本外逃风险的蔓延，对违规企业严厉处罚，从源头杜绝类似温州"信贷危机"的金融危机再次出现。

（2）建设一体化信息信用平台。各级政府要加快企业信息平台建设和整合，有效搭建公开透明的企业信息共享系统，同时推进浙江省公共信用信息平台与行业、地方信用平台的联动，力争将平台建成集信息共享、监测预警、决策分析于一体的金融风险关注窗口。浙江省还应当运用数字技术手段建立一个多方面的监测系统，实时监控平台内资金链变动情况，做到资金"来源可查，去向可追"，监测系统风险管控应当涵盖风险发生前、发生中和发生后的整个过程，使平台形成高效分析、提前预判、快速决策的能力。

（3）提高融资数据质量。建立全省金融平台信息考核机制和数据联络工作机制，全力提升金融活动的数据质量。运用区块链技术打造公共信用数据库和行业信用数据库，将所有企业信用情况上链，帮助金融机构针对不同融资需求开发新的金融产品。浙江省将通过优质的金融信用数据，帮助金融机构提升金融资源配置效率，最终实现经济高质量发展和金融长期稳定。

9.2.5 产品创新

商业银行的金融产品创新不仅体现在产品种类的创新，也体现在产品营销方式、渠道的创新，根据第 8 章对商业银行金融服务创新案例的分析，浙江省在打造共同富裕示范区的历史使命面前鼓励省内商业银行积极创新金融产品种类，改善产品营销策略，拓宽产品营销渠道。

（1）设计满足企业多元需求的产品。随着现代产业体系的逐渐形成，企业在产业转型升级、高新技术引进、对外贸易过程中，会不断产生新的金融需求，金融机构为满足企业高质量发展的需求，要从最优金融结构出发，向企业提供不同发展阶段对应的金融产品和服务。面对目前浙江绿色信贷产品较为单一的情况，浙江省开发了排污权、碳排放权、森林碳汇等抵押融资形式；面对科技企业轻资产、高成长的特点，浙江推出了"科易贷""科保贷""成长贷""银投联"等产品；面对中小企业融资难融资贵、农村金融资源匮乏等特点，浙江网商银行推出网商贷、旺农贷。

（2）改善金融产品营销策略。金融机构产品营销策略应紧扣新发展理念，以企业绿色、创新、共享、协调、开放发展为目的，运用掌上银行、金融服务点等互联网金融手段推动产品本土化，提升产品竞争力。浙江省还开展了金融知识普及活动，让金融消费者，特别是弱势人群和互联网用户获得金融知识和技能，以避免金融风险，并引导金融消费者明智地选择金融产品和服务。

（3）拓宽产品营销渠道。随着大数据、人工智能等数字技术的不断进步，金融产品的营销渠道逐渐从实体机构演变到数字化平台、线上 APP 等。浙江省通过搭建金融综合服务平台，将政府、企业、金融机构三者联系在一起，平台将金融机构和金融产品的信息汇集在一起，匹配资金和融资需求，提升了金融服务的效率和质量。笔者在

第 8 章中对湖州银行的"绿贷通"平台进行了介绍，该平台有效地推广了湖州银行的金融信贷产品，为不同规模、生命周期的企业提供了多样化的产品。而网商银行的线上 APP 极大地方便了网商贷、旺农贷等网贷产品的推广，同时数字化小额信贷也满足了客户紧急、高频的融资需求。

第 10 章

总结与展望

10.1　研究总结

党的十九大指出，我国的经济发展已经由高速增长阶段转向高质量发展阶段，高质量发展成为中国步入新时代后的崭新主题。高质量发展既是一种发展理念、发展方式、发展战略，也是以质量为价值取向、核心目标的发展，是经济发展理论的重大创新。高质量发展的目标就是能够更好地满足人民日益增长的美好生活需要，体现了我国的新发展理念，坚持以创新成为第一动力、协调成为内生特点、绿色成为普遍形态、开放成为必由之路、共享成为根本目的。因此，实体经济高质量发展已经成为当前经济领域最受关注的研究课题。

聚焦到浙江省，实体经济高质量发展离不开金融创新的驱动，金融创新需要与长三角一体化背景下浙江实际需求相适配，才能实现实体经济高质量增长。此外，金融创新离不开良好的政策环境，也需要金融服务机构的参与落实。因此，金融创新需要顶层设计与路径设计相结合，进一步揭示长三角一体化背景下浙江金融创新与实体经济高质量发展的关系内涵，识别金融创新推动实体经济高质量发展的实现路径，建立金融创新推动实体经济高质量发展的协同机制。

基于上述认识，本书在调研高质量发展、金融创新、长三角一体化、浙江实体经济发展的文献与资料的基础上，提炼和界定金融创新与实体经济高质量发展的关键变量，通过最优金融结构、供给侧改革以及环境规制理论相融合，构建金融创新推动实体经济高质量发展的理论模型。借此，综合运用规范研究、实证检验和案例研究等方法，检验金融创新推动实体经济高质量发展的政策效果，揭示金融创新推动实体经济高质量发展的作用路径，建立金融创新推动实体经济高质量发展依赖的协同机制，最终提出长三角一体化背景下浙江实体经济高质量发展的金融创新体系和政策建议。主要观点可总结为以下 4 点。

（1）绿色信贷业务创新总体上推动浙江实体经济高质量发展。

通过实证分析，发现 2008～2018 年浙江省绿色信贷和高质量发展整体耦合状况良好，绿色信贷对环境变化能做出及时响应，支持实体经济向高质量发展阶段迈进。浙江省绿色信贷支持生态经济发展效率总体上逐步提高，部分行业的绿色信贷没能发挥应有效率水平，是由于节能减排未能达到预期目标。

（2）绿色金融通过提升产业结构和企业技术推动实体经济高质量发展。

探索绿色金融推动浙江实体经济高质量发展的作用路径。绿色金融能够推动浙江省实体经济的高质量发展，并且能够通过产业结构的优化升级和提升企业科技水平推动经济高质量发展。

（3）科技金融在促进异质性高新技术企业的创新绩效时呈现差异化。

通过选取 2010～2018 年浙江创业板的上市公司作为研究样本作实证分析，发现科技金融投入提高企业现金比率，现金比率增加正向影响创新投入，且科技金融会促进国有高新技术企业和非国有高新技术企业的创新绩效，但是对非国有高新技术企业的创新绩效促进作用更明显。

（4）科技创新是数字金融推动中小企业"专精特新"发展的重要途径。

通过理论模型的构建和实证分析证实数字金融通过促进企业科技

创新推动中小企业发展为"专精特新"企业，且数字金融对高新技术中小企业发展为"专精特新"的促进作用更强。

10.2　主要价值

本书的价值可以总结为以下两个方面。

（1）学术价值。当前金融体系存在供给与需求错配的问题，因此，金融创新的目标是打造适合经济高质量发展的"最优金融结构"，将金融功能与服务区域实体经济高质量发展匹配起来。研究金融创新与区域实体经济高质量发展的内在联系和作用机理，可深化金融服务实体经济发展的关系研究。基于耦合协调、投入—产出理论从经济学资源配置视角来度量金融创新产出效率，在具体实体企业情境下实证检验金融创新效果，并揭示金融创新推动实体经济高质量发展的影响因素，丰富了金融创新理论体系。

（2）应用价值。沪苏浙皖三省一市历史文化相通相融、区位交通互联互通、产业布局互补协同、金融结构相互渗透，具备了区域一体化发展的多种有利条件。金融创新在"调结构、转方式"、促进实体经济高质量发展等方面具有积极作用，对整个长三角地区节能减排和可持续发展具有积极影响。研究金融创新支持浙江实体经济高质量发展效率的实现路径与保障机制，可用于指导金融机构开展业务创新和布局优化，将对政府部门与行业组织创新金融管理体制，优化跨地区监管政策，提升金融服务实体经济的政策效力具有参考意义。

10.3　未来研究展望

1. 长三角一体化对金融创新领域的政策与资源影响研究

创建良好的金融创新政策环境意味着打通长三角区域内部的行业壁垒，实现资源在区域内的优化配置，需要考察地区间的利益诉求与竞合博弈，求得最优平衡，收益共享的创新协调机制，长三角一体化对金融创新领域的政策与资源配置的影响有待于进一步深化研究。

2. 浙江省地区间金融创新的差异比较与政策优化研究

受限于数据获取困难，没有对浙江省内地区间的差异性作实证研究，而地区间的差异是客观存在的。对其水平和效率的差异进行比较，识别地区间的政策效果差异有助于开展针对性的政策优化，提升金融创新政策的适应性。

3. 金融创新与实体经济高质量发展的双向协同优化机制

商业银行作为金融服务创新的实施主体，区域实体经济高质量成长性，反过来会激励银行加大金融支持力度，从而优化银行的业务结构，产生良性循环，推动浙江金融服务的高质量发展，因此，金融创新与实体经济高质量发展的双向协同优化机制有待于进一步构建。

4. 金融创新模式融合推动实体经济高质量发展的研究

本书仅考虑绿色金融、科技金融以及数字金融等单一金融创新模式对实体经济高质量发展的影响，需要进一步揭示多种类型融合的金融创新模式对实体经济发展产生影响的机理。

参 考 文 献

［1］安淑新．促进经济高质量发展的路径研究：一个文献综述
［J］．当代经济管理，2018，40（9）：11－17．

［2］安同信，侯效敏，杨杨．中国绿色金融发展的理论内涵与
实现路径研究［J］．东岳论丛，2017，38（6）：92－100．

［3］巴常锋．新时期我国商业银行绿色信贷的发展瓶颈与创新
突破［J］．武汉金融，2016（7）：48－50．

［4］白钦先．比较银行学［M］．郑州：河南人民出版社，1989．

［5］蔡海静，汪祥耀，谭超．绿色信贷政策、企业新增银行借
款与环保效应［J］．会计研究，2019（3）：88－95．

［6］陈丰华．金融服务实体经济发展效率的影响因素研究［J］．
现代经济探讨，2021（12）：71－80．

［7］陈国强，龚方乐主编．浙江金融史1949－1999［M］．杭
州：浙江人民出版社，2003．

［8］陈海盛．以智治推进信用治理现代化的路径——基于诚信
建设数字化的浙江经验［J］．征信，2021，39（2）：56－60．

［9］陈金龙．五大发展理念的多维审视［J］．思想理论教育，
2016（1）：4－8．

［10］陈明华，刘玉鑫，刘文斐，等．金融发展是否增强了长三角
地区经济发展的协调性［J］．宏观经济研究，2019（1）：65－76．

［11］陈诗一，陈登科．雾霾污染、政府治理与经济高质量发展
［J］．经济研究，2018，53（2）：20－34．

［12］陈诗一．绿色金融助力长三角一体化发展［J］．环境经济研究，2019，4（1）：1－7．

［13］陈胤默，王喆，张明．数字金融研究国际比较与展望［J］．经济社会体制比较，2021（1）：180－190．

［14］丁锋．选择权贷款模式在商业银行经营中的实证研究——以杭州银行为例［J］．浙江金融，2021，（7）：51－60．

［15］丁守海，徐政，左晟吉．经济高质量发展的历史进程、多元挑战与发展思路——基于双循环视角．西北师大学报（社会科学版），2022，59（1）：135－144．

［16］董志勇，李成明．国内国际双循环新发展格局：历史溯源、逻辑阐释与政策导向［J］．中共中央党校（国家行政学院）学报，2020（5）：47－55．

［17］董志勇，李成明．"专精特新"中小企业高质量发展态势与路径选择［J］．改革，2021（10）：1－11．

［18］董竹，周悦．金融体系、供给侧结构性改革与实体经济发展［J］．经济学家，2019（6）：80－89．

［19］杜尔玏，吉猛，袁蓓．我国中小银行以数字化转型促进高质量发展研究［J］．西北大学学报（哲学社会科学版），2021，51（1）：109－116．

［20］杜平．数字化时代浙江新经济发展战略与重点研究［J］．浙江经济，2020（1）：40－47．

［21］杜群阳，周方兴，战明华．信息不对称、资源配置效率与经济周期波动［J］．中国工业经济，2022（4）：61－79．

［22］段进东，王雯佳，卞丽君．我国商业银行绿色信贷运营效率 DEA－Malmquist 实证［J］．中外企业家，2017（9）：45－48．

［23］范金，张强，落成．长三角城市群经济发展质量的演化趋势与对策建议［J］．工业技术经济，2018，37（12）：70－77．

［24］方福前．正确认识和处理供给侧改革与需求侧管理的关系

[J].经济理论与经济管理，2021（4）：4-11.

[25] 方周，王颖，夏一玮.城市商业银行发展绿色信贷的实践——以湖州银行为例 [J].经济研究导刊，2019（21）：69-70.

[26] 封福育.环境规制与经济增长的多重均衡：理论与中国经验 [J].当代财经，2014（11）：14-24.

[27] 冯建文.数字普惠金融缓解中小企业融资困境分析 [J].商业2.0（经济管理），2021（11）：0390-0391.

[28] 冯志峰.供给侧结构性改革的理论逻辑与实践路径 [J].经济问题，2016（2）：12-17.

[29] 付志宇，严文宏.长江经济带地方财政支出效率综合评价——基于数据包络分析 [J].地方财政研究，2017（9）：28-36.

[30] 盖美，秦冰，郑秀霞.经济增长动能转换与绿色发展耦合协调的时空格局演化分析 [J].地理研究，2021，40（9）：2572-2590.

[31] 耿洁.商业银行发展绿色金融支持供给侧结构性改革研究——以兴业银行为例 [J].统计与管理，2020，35（11）：57-61.

[32] 龚六堂，林东杰.资源配置效率与经济高质量发展 [J].北京大学学报（哲学社会科学版），2020（6）：105-112.

[33] 龚强，张一林，林毅夫.产业结构、风险特性与最优金融结构 [J].经济研究，2014，49（4）：4-16.

[34] 谷亚光，谷牧青.论"五大发展理念"的思想创新、理论内涵与贯彻重点 [J].经济问题，2016（3）：1-6.

[35] 顾骅珊.长三角生态绿色一体化发展需提高协同度 [J].环境经济，2020（9）：32-35.

[36] 郭春丽，王蕴，易信，等.正确认识和有效推动高质量发展 [J].宏观经济管理，2018（4）：18-25.

[37] 郭晴."双循环"新发展格局的现实逻辑与实现路径 [J].求索，2020（6）：100-107.

［38］郭威，杨建，曾新欣．推动实体经济高质量发展的科学指南——学习习近平总书记关于实体经济发展的重要论述［J］．毛泽东邓小平理论研究，2020（4）：16－25．

［39］韩英，马立平．中国高质量发展阶段下的产业结构变迁与经济增长研究——基于结构－效率－速度的逻辑框架［J］．经济与管理研究，2020（12）：28－40．

［40］何立峰．深入贯彻新发展理念　推动中国经济迈向高质量发展［J］．宏观经济管理，2018（4）：4－5．

［41］何凌云，梁宵，杨晓蕾，等．绿色信贷能促进环保企业技术创新吗［J］．金融经济学研究，2019，34（5）：109－121．

［42］何茜．绿色金融的起源、发展和全球实践［J］．西南大学学报（社会科学版），2021，47（1）：83－94．

［43］何玉长，潘超．经济发展高质量重在实体经济高质量［J］．学术月刊，2019，51（9）：57－69．

［44］侯晓辉，王博．金融供给侧结构性改革背景下的绿色金融发展问题研究［J］．求是学刊，2020，47（5）：13－20．

［45］胡骋来，屠立峰，乔桂明．长三角数字金融环境对区域科技创新的影响分析［J］．苏州大学学报（哲学社会科学版），2022，43（3）：41－51．

［46］胡国晖，郑美美．金融集聚、金融创新与区域经济增长［J］．河北经贸大学学报，2020，41（4）：22－29．

［47］胡建兵，顾新一．政府环境规制下的企业行为研究［J］．商业研究，2006（19）：35－38．

［48］胡珺，黄楠，沈洪涛．市场激励型环境规制可以推动企业技术创新吗？——基于中国碳排放权交易机制的自然实验［J］．金融研究，2020，（1）：171－189．

［49］黄聪英．中国实体经济高质量发展的着力方向与路径选择［J］．福建师范大学学报：哲学社会科学版，2019（3）：51－61．

［50］黄德春，刘志彪．环境规制与企业自主创新——基于波特假设的企业竞争优势构建［J］．中国工业经济，2006（3）：100－106．

［51］黄群慧，陈创练．新发展格局下需求侧管理与供给侧结构性改革的动态协同［J］．改革，2021（3）：1－13．

［52］黄益平．关于中国数字金融创新与发展的几个观点［J］．金融论坛，2021，26（11）：3－5，36．

［53］季菲菲，陈雯．长三角地区金融机构网络分布格局与扩张机理——以城市商业银行为例［J］．地理科学进展，2014（9）：1241－1251．

［54］贾康．供给侧改革及相关基本学理的认识框架［J］．经济与管理研究，2018，39（1）：13－22．

［55］贾康，苏京春．论供给侧改革［J］．管理世界，2016（3）：1－24．

［56］简新华，聂长飞．论从高速增长到高质量发展［J］．社会科学战线，2019（8）：86－95．

［57］姜再勇，魏长江．政府在绿色金融发展中的作用、方式与效率［J］．兰州大学学报（社会科学版），2017，45（6）：108－114．

［58］蒋长流，司怀涛．环境规制、研发投入与产业结构调整［J］．南京财经大学学报，2020（2）：18－26．

［59］揭红兰．科技金融、科技创新对区域经济发展的传导路径与实证检验［J］．统计与决策，2020（1）：66－71．

［60］金碚．关于"高质量发展"的经济学研究［J］．中国工业经济，2018（4）：5－18．

［61］金乐琴．高质量绿色发展的新理念与实现路径——兼论改革开放40年绿色发展历程［J］．河北经贸大学学报，2018，39（6）：22－30．

［62］荆兰清．优化商业银行绩效评价体系 发挥多维度考核指挥棒作用——新旧办法之比较［J］．财务与会计，2021（15）：17-19.

［63］孔祥利，谌玲．供给侧改革与需求侧管理在新发展格局中的统合逻辑与施策重点［J］．陕西师范大学学报（哲学社会科学版），2021（3）：5-14.

［64］兰虹，江艳平．绿色信贷与银行财务绩效相关性研究［J］．忻州师范学院学报，2018，34（2）：85-89.

［65］蓝海燕，刘晓伟，刘旭晔．基于长尾理论的共享零售产生与发展分析［J］．中国流通经济，2018，32（7）：12-19.

［66］雷蒙德·W.戈德史密斯．金融结构与金融发展［M］．上海：上海人民出版社，1994.

［67］黎峰．国内国际双循环：理论框架与中国实践［J］．财经研究，2021（4）：4-18.

［68］黎文勇．中国区域经济高质量发展水平测度——以长三角地区为例［J］．统计与决策，2022（13）：21-25.

［69］李国平，王柄权．中国最优金融结构演化路径分析［J］．北京理工大学学报（社会科学版），2018，20（4）：53-63.

［70］李健，贾玉革．金融结构的评价标准与分析指标研究［J］．金融研究，2005（4）：57-67.

［71］李菁昭．绿色金融视角下缓解小微企业融资难问题创新研究——以江苏省10家小微企业为例［J］．湖北经济学院学报（人文社会科学版），2016，13（9）：68-70，85.

［72］李林汉，田卫民．金融创新、制度环境与实体经济增长——基于空间杜宾模型的实证分析［J］．金融发展研究，2020（12）：14-25.

［73］李梦欣，任保平．新时代中国高质量发展的综合评价及其路径选择［J］．财经科学，2019（5）：26-40.

［74］李梦雨，彭传旭，魏熙晔．数字金融能否促进经济高质量

发展——来自我国 275 个城市的经验证据 [J]. 金融监管研究，2021（11）：97 – 114.

[75] 李强，王琰. 环境规制与经济增长质量的 U 型关系：理论机理与实证检验 [J]. 江海学刊，2019（4）：102 – 108.

[76] 李士华，邓天佐，李心丹. 创业投资在科技金融中的定位研究——以江苏创业投资发展为例 [J]. 科技进步与对策，2013，30（18）：156 – 159.

[77] 李曦辉，黄基鑫. 绿色发展：新常态背景下中国经济发展新战略 [J]. 经济与管理研究，2019，40（8）：3 – 15.

[78] 李毓，胡海亚，李浩. 绿色信贷对中国产业结构升级影响的实证分析——基于中国省级面板数据 [J]. 经济问题，2020（1）：37 – 43.

[79] 李媛媛，金浩，张玉苗. 金融创新与产业结构调整：理论与实证 [J]. 经济问题探索，2015（3）：140 – 147.

[80] 李志刚. 浙江省生态经济绩效的评价及影响因素研究 [J]. 湖州师范学院学报，2017，39（9）：20 – 25.

[81] 李智峰，王学军，郭群. 优化金融结构　促进实体经济发展 [J]. 学习与实践，2020（7）：44 – 52.

[82] 林长青，瞿涛，杨祖增. "一带一路"建设与浙江发展新机遇 [J]. 浙江经济，2014（22）：36 – 37.

[83] 林毅夫，付才辉，任晓猛. 金融创新如何推动高质量发展：新结构经济学的视角 [J]. 金融论坛，2019，24（11）：3 – 13.

[84] 林毅夫. 供给侧改革的短期冲击与问题研究 [J]. 河南社会科学，2016（1）：2 – 4.

[85] 林毅夫，孙希芳，姜烨. 经济发展中的最优金融结构理论初探 [J]. 经济研究，2009（8）：4 – 17.

[86] 林毅夫，章奇，刘明兴. 金融结构与经济增长：以制造业为例 [J]. 世界经济，2003（1）：3 – 21.

［87］刘超，马玉洁．金融、技术创新与实体经济发展驱动［J］．山东社会科学，2019（4）：107－113．

［88］［90］刘伟．坚持新发展理念，推动现代化经济体系建设——学习习近平新时代中国特色社会主义思想关于新发展理念的体会［J］．管理世界，2017（12）：1－7．

［89］刘熹微，邹克．科技金融是否促进经济与创新的协同［J］．湖南科技大学学报（社会科学版），2021，24（3）：71－81．

［90］刘燕妮，安立仁，金田林．经济结构失衡背景下的中国经济增长质量［J］．数量经济技术经济研究，2014，31（2）：20－35．

［91］刘志彪．长三角区域市场一体化与治理机制创新［J］．学术月刊，2019，51（10）：31－38．

［92］刘志彪，凌永辉．关于国内国际双循环新发展格局的若干断想［J］．福建论坛（人文社会科学版），2021（1）：5－13．

［93］刘志彪．需求侧改革：推进双循环发展格局的新使命［J］．东南学术，2021（2）79－85．

［94］刘志彪，徐宁．统一市场建设：长三角一体化的使命、任务与措施［J］．现代经济探讨，2020（7）：1－4．

［95］刘志彪．中国语境下供给侧结构改革：核心问题和重点任务［J］．东南学术，2016（4）：28－36，246．

［96］龙云安，陈国庆．"美丽中国"背景下我国绿色金融发展与产业结构优化［J］．企业经济，2018，452（4）：13－20．

［97］陆岷峰，王婷婷．数字技术与小微金融：担保与风险转移模式创新研究——基于数字技术在商业银行小微金融风险管理中的应用［J］．当代经济管理，2021，43（3）：72－82．

［98］陆敏，王增武．基于DEA模型的中国碳排放管制效率研究［J］．生态经济，2019，35（6）：13－17．

［99］吕守军，代政．新时代高质量发展的理论意蕴及实现路径［J］．经济纵横，2019（3）：16－22．

[100] 罗宣，周梦娣，王翠翠．长三角地区经济增长质量综合评价［J］．财经问题研究，2018（4）：123－129．

[101] 马军伟，王剑华．战略性新兴产业发展的金融支持效率——基于长三角地区的比较分析［J］．中国科技论坛，2019（10）：52－58．

[102] 孟飞．地方金融监督管理条例的量化要素评估［J］．上海金融，2021（1）：34－43．

[103] 孟添，张恒龙．数字金融与区域经济高质量发展［J］．社会科学辑刊，2022（1）：139－148．

[104] 孟振全．数字金融服务数字经济发展［J］．中国金融，2021（18）：35－36．

[105] 苗勃然，周文．经济高质量发展：理论内涵与实践路径［J］．改革与战略，2021，37（1）：53－60．

[106] 娜日，朱淑珍，洪贤方．基于扎根理论的互联网金融服务创新能力结构维度研究［J］．科技管理研究，2016，36（14）：205－209．

[107] 聂秀华．数字金融促进中小企业技术创新的路径与异质性研究［J］．西部论坛，2020，30（4）：37－49．

[108] 聂秀华，吴青．数字金融对中小企业技术创新的驱动效应研究［J］．华东经济管理，2021，35（3）：42－53．

[109] 盘和林．盘和林：金融如何更好服务数字经济？［J］．经济研究信息，2020（6）：37－39．

[110] 裴文静，吕艳丽．甘肃省绿色信贷发展的约束与激励机制建设研究［J］．兰州文理学院学报（社会科学版），2018，34（6）：42－47．

[111] 蒲清平，杨聪林．构建"双循环"新发展格局的现实逻辑、实施路径与时代价值［J］．重庆大学学报（社会科学版），2020（6）：24－34．

[112] 钱学锋，裴婷．国内国际双循环新发展格局：理论逻辑与

内生动力 ［J］. 重庆大学学报（社会科学版），2021（1）：14－26.

［113］秦放鸣，唐娟. 经济高质量发展：理论阐释及实现路径 ［J］. 西北大学学报（哲学社会科学版），2020，50（3）：138－143.

［114］清风. 中小企业的"成长烦恼"——专精特新：中小企业的核心元素 ［J］. 上海企业，2014（3）：8－12.

［115］邱虹，朱南，张为波. 中国省域工业生态经济效率实证分析——基于两阶段效率评价模型 ［J］. 生态经济，2016（8）：41－46.

［116］瞿慧，靳丹丹，万千. 数字金融、资源配置效率与金融服务 ［J］. 武汉金融，2021（11）：61－70.

［117］瞿佳慧，王露，江红莉，等. 绿色信贷促进绿色经济发展的实证研究——基于长江经济带 ［J］. 现代商贸工业，2019，40（33）：29－31.

［118］任保平. 创新中国特色社会主义发展经济学 阐释新时代中国高质量的发展 ［J］. 天津社会科学，2018（2）：12－18.

［119］任保平. 新时代中国经济从高速增长转向高质量发展：理论阐释与实践取向 ［J］. 学术月刊，2018，50（3）：66－74.

［120］任保平，刘鸣杰. 我国高质量发展中有效供给形成的战略选择与实现路径 ［J］. 学术界，2018（4）：52－65.

［121］任保平，王思琛. 新时代高质量发展中共享发展的理论创新及其实现路径 ［J］. 渭南师范学院学报，2018，33（11）：14－27.

［122］任保平，文丰安. 新时代中国高质量发展的判断标准、决定因素与实现途径 ［J］. 改革，2018（4）：5－16.

［123］任相伟，孙丽文. 动态能力理论视角下战略柔性对企业绩效的影响研究——差异化动态环境规制强度的调节效应 ［J］. 技术经济，2020，39（1）：25－33.

［124］商广蕾. 科技金融创新支持科技型中小企业融资研究 ［J］. 商业会计，2021（23）：101－104.

［125］邵光学. 我国绿色金融研究述评 ［J］. 湖南社会科学，

2019（3）：128－135.

[126] 沈晓军. 科技金融发展问题探究——以浙江省为例 [J].临沂大学学报，2017，39（1）：114－119.

[127] 盛雯雯. 金融发展有利于中国生产技术效率的提升吗？——基于随机前沿分析方法的检验 [J]. 中央财经大学学报，2017（12）：83－97.

[128] 师博，张冰瑶. 新时代、新动能、新经济——当前中国经济高质量发展解析 [J]. 上海经济研究，2018（5）：25－33.

[129] 师应来，周丽敏. "双循环"的理论逻辑、发展进程与现实思考 [J]. 统计与决策，2021（10）：151－154.

[130] 石健，黄颖利. 东北地区生态资本效率时空差异与影响因素 [J]. 应用生态学报，2019，30（10）：3527－3534.

[131] 史丹，赵剑波，邓洲. 推动高质量发展的变革机制与政策措施 [J]. 财经问题研究，2018（9）：19－27.

[132] 孙福兵，丁骋骋. 改革开放以来温州的三次金融风潮与金融改革 [J]. 社会科学战线，2013（10）：54－62.

[133] 孙继国，胡金焱，杨璐. 发展普惠金融能促进中小企业创新吗？——基于双重差分模型的实证检验 [J]. 财经问题研究，2020（10）：47－54.

[134] 孙晓雷，何溪. 新常态下高效生态经济发展方式的实证研究 [J]. 数量经济技术经济研究，2015，32（7）：39－56.

[135] 孙燕铭，孙晓琦. 长三角城市群工业绿色全要素生产率的测度及空间分异研究 [J]. 江淮论坛，2018（6）：60－67.

[136] 孙钰，姜宁宁，崔寅. 环境保护投资的经济、社会与环境效率研究——基于三阶段数据包络分析（DEA）模型 [J]. 科技管理研究，2019，39（21）：219－226.

[137] 塔娜，宁小莉. 乌海市生态环境与经济协调发展评价 [J]. 干旱区资源与环境，2017，31（5）：94－99.

[138] 唐双宁. 金融创新之度 [J]. 中国金融, 2011 (21)：95.

[139] 滕磊, 马德功. 数字金融能够促进高质量发展吗？ [J]. 统计研究, 2020, 37 (11)：80 - 92.

[140] 滕泰, 刘哲. 供给侧改革的经济学逻辑——新供给主义经济学的理论探索 [J]. 兰州大学学报 （社会科学版）, 2018, 46 (1)：1 - 12.

[141] 田国双, 杨茗. 绿色信贷与银行财务绩效相关性研究——基于 16 家上市商业银行的数据 [J]. 河南工业大学学报 （社会科学版）, 2018, 14 (2)：44 - 49.

[142] 田秀娟, 李睿, 杨戈. 金融科技促进实体经济发展的影响——基于金融创新和科技创新双路径的实证分析 [J]. 广东社会科学, 2021 (5)：5 - 15 + 254.

[143] 童佩珊, 施生旭. 厦漳泉城市群生态环境与经济发展耦合协调评价——基于 PSR - GCQ 模型 [J]. 林业经济, 2018, 40 (4)：90 - 95.

[144] 汪浩瀚, 潘源. 金融发展对产业升级影响的非线性效应——基于京津冀和长三角地区城市群的比较分析 [J]. 经济地理, 2018 (9)：59 - 66.

[145] 汪淑娟, 谷慎. 科技金融对中国经济高质量发展的影响研究——理论分析与实证检验 [J]. 经济学家, 2021 (2)：81 - 91.

[146] 王爱兰. 论政府环境规制与企业竞争力的提升——基于"波特假设"理论验证的影响因素分析 [J]. 天津大学学报 （社会科学版）, 2008 (5)：389 - 392.

[147] 王昌林, 蒲勇健. 信贷市场中的信息不对称分析 [J]. 中国软科学, 2004 (4)：75 - 78.

[148] 王春霞, 于海洋, 孙小芹. 苏京沪粤浙区块链发展布局比较研究 [J]. 现代管理科学, 2021 (1)：97 - 108.

[149] 王锋, 王瑞琦. 中国经济高质量发展研究进展 [J]. 当代经济管理, 2021, 43 (2): 1-10.

[150] 王广谦. 经济发展中金融的贡献与效率 [M]. 北京: 中国人民大学出版社, 1997.

[151] 王国刚. 中国金融 70 年: 简要历程、辉煌成就和历史经验 [J]. 经济理论与经济管理, 2019 (7): 4-28.

[152] 王佳宁, 盛朝迅. 重点领域改革节点研判: 供给侧和需求侧 [J]. 改革, 2016 (1): 35-51.

[153] 王建发. 我国绿色金融发展现状与体系构建——基于可持续发展背景 [J]. 技术经济与管理研究, 2020 (5): 76-81.

[154] 王敏, 李兆伟. 基于 ECE 模型的陕西省科技金融系统发展潜力测度 [J]. 西安建筑科技大学学报 (社会科学版), 2020, 39 (6): 40-49.

[155] 王去非. 区域金融改革的目标设定与路径选择: 基于浙江案例的研究 [J]. 南方金融, 2017 (3): 73-81.

[156] 王然, 成金华. 高质量发展视域下长三角城市群经济社会与资源环境耦合分析 [J]. 学术论坛, 2019, 42 (6): 54-60.

[157] 王仁祥, 杨曼. 中国金融创新质量指数研究——基于"技术-金融"范式 [J]. 世界经济研究, 2015 (7): 3-13.

[158] 王仁祥, 喻平. 金融创新与金融深化 [J]. 金融理论与实践, 2000 (10): 10-12.

[159] 王淑娟, 叶蜀君, 解方圆. 金融发展、金融创新与高新技术企业自主创新能力——基于中国省际面板数据的实证分析 [J]. 软科学, 2018, 32 (3): 10-16.

[160] 王曙光, 杜浩然. 民间金融规范发展与地方政府创新——以温州钱庄兴衰史为例 [J]. 农村金融研究, 2012 (7): 5-9.

[161] 王小腾, 徐璋勇, 刘潭. 金融发展是否促进了"一带一路"国家绿色全要素生产率增长? [J] 经济经纬, 2018, 35 (5):

17 - 22.

[162] 王馨. 互联网金融助解"长尾"小微企业融资难问题研究 [J]. 金融研究, 2015 (9): 128 - 139.

[163] 王遥, 潘冬阳, 张笑. 绿色金融对中国经济发展的贡献研究 [J]. 经济社会体制比较, 2016 (6): 33 - 42.

[164] 王一鸣. 百年大变局、高质量发展与构建新发展格局 [J]. 管理世界, 2020, 36 (12): 1 - 12.

[165] 王一鸣. 中国经济新一轮动力转换与路径选择 [J]. 管理世界, 2017 (2): 1 - 14.

[166] 王永昌, 尹江燕. 论经济高质量发展的基本内涵及趋向 [J]. 浙江学刊, 2019 (1): 91 - 95.

[167] 沃鹏飞, 俞雅乖. 浙江省普惠金融发展水平的测度评价及影响因素分析——基于普惠金融指数的研究 [J]. 科技与管理, 2018, 20 (2): 69 - 73.

[168] 吴璟桉, 万勇, 吴永康. 长三角深度一体化背景下环杭州湾大湾区经济发展战略研究 [J]. 上海经济, 2019 (2): 17 - 31.

[169] 吴晟, 武良鹏, 吕辉. 绿色信贷对企业生态创新的影响机理研究 [J]. 软科学, 2019, 33 (4): 53 - 56.

[170] 吴施娟. 新时代绿色信贷发展研究与政策建议 [J]. 福州大学学报 (哲学社会科学版), 2019, 33 (3): 54 - 59.

[171] 吴文婷, 欧阳敏姿, 陈会雄. 数字化时代银行小微金融服务创新研究 [J]. 金融与经济, 2021 (1): 90 - 96.

[172] 吴翌琳, 谷彬. 科技金融服务体系的协同发展模式研究——中关村科技金融改革发展的经验与启示 [J]. 中国科技论坛, 2013 (8): 134 - 141.

[173] 吴玉鸣, 刘诗洋. 能源金三角地区城市耦合协调发展及空间关联性研究 [J]. 生态经济, 2020, 36 (3): 78 - 84.

[174] 武赫. 基于 DEA 模型的生态经济效率综合评价 [J]. 统

计与决策, 2015 (11): 70-72.

[175] 向晓梅, 吴伟萍. 改革开放 40 年持续性产业升级的动力机制与路径——广东迈向高质量发展之路 [J]. 南方经济, 2018 (7): 1-18.

[176] 谢婷婷, 高丽丽. 数字金融对中小企业技术创新的影响及机制研究——基于传统金融结构错配分析 [J]. 金融发展研究, 2021 (12): 60-68.

[177] 谢婷婷, 刘锦华. 绿色信贷如何影响中国绿色经济增长? [J]. 中国人口·资源与环境, 2019, 29 (9): 83-90.

[178] 谢玉梅. 新一轮农村利率改革: 垄断竞争定价的温州案例 [J]. 经济问题, 2006 (4): 50-52.

[179] 辛祥晶, 武翠芳, 王峥. 当代金融结构理论综述与最优金融结构 [J]. 经济问题探索, 2008 (6): 139-143.

[180] 徐胜, 赵欣欣, 姚双. 绿色信贷对产业结构升级的影响效应分析 [J]. 上海财经大学学报 (哲学社会科学版), 2018, 20 (2): 59-72.

[181] 徐天舒, 朱天一. 中小制造企业"专精特新"导向评价指标体系设计——基于苏州 200 家"隐形冠军"企业的实证分析 [J]. 科技与经济, 2017, 30 (3): 16-20.

[182] 徐政, 左晟吉, 丁守海. 碳达峰、碳中和赋能高质量发展: 内在逻辑与实现路径 [J]. 经济学家, 2021 (11): 62-71.

[183] 许开国. 资本配置效率的地区差异及影响因素分析 [J]. 山西财经大学学报, 2009 (2): 34-39.

[184] 许玲. 构建产业生态体系 发展数字金融产业 [J]. 浙江经济, 2021 (8): 48-51.

[185] 薛曜祖. 环境规制的产业结构效应: 理论与实证分析 [J]. 统计与信息论坛, 2016, 31 (8): 39-46.

[186] 阳甜, 朱华雄. 新发展格局下需求侧改革: 理论内涵、

堵点及实施路径［J］. 河南社会科学，2021（11）：94 – 105.

［187］杨大鹏. 数字产业化的模式与路径研究：以浙江为例［J］. 中共杭州市委党校学报，2019（5）：76 – 82.

［188］杨先明，杨娟. 数字金融对中小企业创新激励——效应识别、机制和异质性研究［J］. 云南财经大学学报，2021，37（7）：27 – 40.

［189］杨哲，黄迈. 基于社区银行视角的农村金融服务渠道创新及政策支持建议［J］. 南方金融，2019（12）：76 – 83.

［190］叶德珠，谢陈昕，黄允爵. 中国最优金融结构的动态特征研究——基于技术水平升级的考察角度［J］. 金融经济学研究，2020（4）：19 – 34.

［191］叶德珠，曾繁清. "金融结构 – 技术水平" 匹配度与经济发展——基于跨国面板数据的研究［J］. 国际金融研究，2019（1）：28 – 37.

［192］佚名. 温州金融改革要点是减少管制［J］. 上海企业，2012（5）：45.

［193］殷兴山. 绿色金融支持碳达峰碳中和的浙江实践［J］. 中国金融，2022（1）：27 – 29.

［194］于颖，刘东旭. 温州 "抬会" 现象的历史沿革及启示［J］. 科技视界，2011（5）：55 – 56.

［195］余霞民. 地方政府竞争、产业同构与金融配置效率：以长三角经济区为例［J］. 上海金融，2016（5）：19 – 24.

［196］余伊泽，应晓春. 绿色金融视角下商业银行可持续发展研究——以浙江省改革创新试验区为例［J］. 现代经济信息，2019（22）：317，319.

［197］余泳泽，杨晓章，张少辉. 中国经济由高速增长向高质量发展的时空转换特征研究［J］. 数量经济技术经济研究，2019，36（6）：3 – 21.

［198］宇超逸，王雪标．金融创新对经济高质量发展的实证检验［J］．统计与决策，2021（9）：88－92.

［199］宇超逸，王雪标，孙光林．数字金融与中国经济增长质量：内在机制与经验证据［J］．经济问题探索，2020（7）：1－14.

［200］袁晓玲．浙江发布"浙科贷""创新保"实施方案　科技金融助力共同富裕示范区建设［J］．今日科技，2021（10）：9－10.

［201］袁志刚．增长动能转换中金融与实体经济的关系［J］．社会科学战线，2017（12）：30－38.

［202］曾倩，曾先峰，岳婧霞．产业结构、环境规制与环境质量——基于中国省际视角的理论与实证分析［J］．管理评论，2020，32（5）：65－75.

［203］张彬，李春晖．"新经济"背景下提升我国科技创新能力的策略研究［J］．经济纵横，2018（2）：78－82.

［204］张长龙．金融机构的企业社会责任基准：赤道原则［J］．国际金融研究，2006（6）：14－20.

［205］张超，钟昌标．金融创新、产业结构变迁与经济高质量发展［J］．江汉论坛，2021（4）：5－16.

［206］张健华，方志敏，陆巍峰，等．2012年浙江省金融运行报告［J］．浙江金融，2013（7）：4－15.

［207］张洁．金融产品创新视角下深化民企融资畅通工程——以浙江绍兴为例［J］．地方财政研究，2021（8）：97－102.

［208］张军扩，侯永志，刘培林，等．高质量发展的目标要求和战略路径［J］．管理世界，2019，35（7）：1－7.

［209］张磊，钱畅，黄佳贤，张永勋．合肥市生态环境与经济协调发展研究［J］．中国农业资源与区划，2019，40（9）：192－198.

［210］张莉莉，肖黎明，高军峰．中国绿色金融发展水平与效率的测度及比较——基于1040家公众公司的微观数据［J］．中国科技论坛，2018（9）：100－112.

［211］张平淡．绿色金融的探索与发展［J］．中国高校社会科学，2018（1）：43－50.

［212］张晓朴，朱太辉．金融体系与实体经济关系的反思［J］．国际金融研究，2014（3）：43－54.

［213］张勋，万广华，张佳佳，等．数字经济、普惠金融与包容性增长［J］．经济研究，2019，54（8）：71－86.

［214］张宇，钱水土．绿色金融创新及其风险防范问题研究——基于浙江省绿色金融改革创新试验区的思考［J］．浙江金融，2018（4）：24－30.

［215］张云辉，白敏宙，赵佳慧．绿色信贷对黑龙江省产业结构影响的实证分析［J］．统计与咨询，2018（5）：23－26.

［216］张云辉，赵佳慧．绿色信贷、技术进步与产业结构优化——基于 PVAR 模型的实证分析［J］．金融与经济，2019（4）：43－48.

［217］张正平，王龙．数字金融对中小企业经营效率的影响——基于深圳创业板数据的实证研究［J］．中国流通经济，2021，35（8）：30－39.

［218］张子豪，谭燕芝．数字普惠金融与中国城乡收入差距——基于空间计量模型的实证分析［J］．金融理论与实践，2018（6）：1－7.

［219］赵红．环境规制对中国产业绩效影响的实证研究［M］．北京：经济科学出版社，2011.

［220］赵剑波，史丹，邓洲．高质量发展的内涵研究［J］．经济与管理研究，2019，40（11）：15－31.

［221］浙江省政协经济委课题组，黄勇，周世锋，等．主动融入长三角一体化发展国家战略［J］．浙江经济，2019（11）：8－10.

［222］郑飞鸿，李静．科技环境规制倒逼资源型城市产业转型升级——理论模型与双重效应分析［J］．软科学，2021，35（12）：22－28.

［223］中共中央　国务院关于支持浙江高质量发展建设共同富

裕示范区的意见［J］．政策瞭望，2021（6）：4－10．

［224］中共中央　国务院印发长江三角洲区域一体化发展规划纲要［N］．人民日报，2019－12－02．

［225］中国工商银行浙江分行课题组，阮云波．商业银行服务"长三角一体化发展"的策略研究［J］．现代金融导刊，2021（1）：55－60．

［226］中国人民银行广州分行课题组，白鹤祥．银行机构异质性、风险承担与小微企业融资供给［J］．南方金融，2021（7）：3－28．

［227］周杰琦，韩兆洲．环境规制、要素市场改革红利与绿色竞争力：理论与中国经验［J］．当代财经，2020（9）：3－15．

［228］周杰琦，梁文光．环境规制能否有效驱动高质量发展？——基于人力资本视角的理论与经验分析［J］．北京理工大学学报（社会科学版），2020，22（5）：1－13．

［229］周莉萍．金融结构理论：演变与述评［J］．经济学家，2017（3）：79－89．

［230］周嬗．中国区域金融创新对经济增长的促进作用研究［J］．广西大学学报（哲学社会科学版），2021，43（2）：85－90，98．

［231］周曙东，韩纪琴，葛继红，盛明伟．以国内大循环为主体的国内国际双循环战略的理论探索［J］．南京农业大学学报（社会科学版），2021（3）：22－29．

［232］朱向东，朱晟君，黄永源，等．绿色金融如何影响中国城市环境污染？——以雾霾污染为例［J］．热带地理，2021，41（1）：55－66．

［233］庄雷，王烨．金融科技创新对实体经济发展的影响机制研究［J］．软科学，2019，33（2）：43－46．

［234］Altug S G，Usman M．Spillover effects，bank lending and growth［J］．CEPR Discussion Papers，2004（3）：1－37．

[235] Becsi Z, Wang P. Financial development and growth [J]. Economic Review, 1997, 82 (4): 46.

[236] Cetorelli N, Gambera M. Banking Market Structure, Financial Dependence and Growth: International Evidence from Industry Data [J]. Journal of Finance, 2001, 56 (2): 617 – 648.

[237] Charnes A, Cooper W, Rhodes E. Measuring the Efficiency of DMU [J]. European Journal of Operational Research, 1978, 2 (6): 429 – 444.

[238] Choi H, Yi D. Environmental innovation inertia: Analyzing the busines scircumstances for environmental process and product innovations [J]. Business Strategy and the Environment, 2018, 27 (8): 1623 – 1634.

[239] Chu W S, Chun D M, Ahn S H. Research Advancement of Green Technologies [J]. International Journal of Precision Engineering and Manufacturing, 2014, 15 (6): 973 – 977.

[240] Cui Y, Geobey S, Weber O et al. The Impact of Green Lending on Credit Risk in China [J]. Sustainability, 2018, 10 (6): 1 – 16.

[241] Demirguc – Kunt A, Feyen E, Levine R . Optimal Financial Structures and Development: The evolving importance of banks and markets [J]. World Bank, Mimeo, 2011: 1 – 37.

[242] Dubrova M V, Gusarova L V, Zhylina N N et al. Shamsutdinova, V. G. Ignatyev. Financial instruments of "green" economy development in Russia [J]. E3S Web of Conferences, 2021, 262: 1 – 5.

[243] Gan Y, Bu Y. A Coordinated Assessment between Green Finance and Ecological Environment along the Yangtze River Basin [J]. E3S Web of Conferences, 2020, 194: 1 – 5.

[244] Gu W, Wang J, Hua X et al. Entrepreneurship and high-quality economic development: based on the triple bottom line of sustain-

able development［J］. International Entrepreneurship and Management Journal, 2021（17）: 1 – 27.

［245］ He L, Zhang L, Zhong Z et al. Green credit, renewable energy investment and green economy development: Empirical analysis based on 150 listed companies of China［J］. Journal of Cleaner Production, 2019, 208: 363 – 372.

［246］ Hu M, Li W. A Comparative Study on Environment Credit Risk Management of Commercial Banks in the Asia – Pacific Region［J］. Business Strategy and the Environment, 2015, 24（3）: 159 – 174.

［247］ Liu L, He L. Output and Welfare Effect of Green Credit in China: Evidence from an Estimated DSGE Model［J］. Journal of Cleaner Production, 2021, 294: 1 – 14.

［248］ Liu Y, Liu M, Wang G et al. An Pan. Effect of Environmental Regulation on High-quality Economic Development in China – An Empirical Analysis Based on Dynamic Spatial Durbin Model［J］. Environmental Science and Pollution Research International, 2021, 28（39）: 54661 – 54678.

［249］ Mohd S, Kaushal V K. Green finance: A step towards sustainable development［J］. MUDRA: Journal of Finance and Accounting, 2018, 5（1）: 59 – 74.

［250］ Muganyi T, Yan L, Sun H. Green finance, fintech and environmental protection: Evidence from China［J］. Environmental Science and Ecotechnology, 2021, 7: 9 – 16.

［251］ Sachs J D, Woo W T, Yoshino N et al. Why is green finance important?［J］. Springer, 2019: 3 – 12. ADBI Working Paper 917（2019）: 1 – 9.

［252］ Soundarrajan P, Vivek N. Green finance for sustainable green economic growth in India［J］. Agricultural Economics, 2016, 62（1）:

35 – 44.

［253］ Wang X, Wang S. The Impact of Green Finance on Inclusive Economic Growth—Empirical Analysis Based on Spatial Panel ［J］. Open Journal of Business and Management, 2020, 8（5）: 2093 – 2112.

［254］ Wang Y, Zhi Q. The Role of Green Finance in Environmental Protection: Two Aspects of Market Mechanism and Policies ［J］. Energy Procedia, 2016, 104: 311 – 316.

［255］ Weinstein D E, Yafeh Y. On the costs of a bank-centered financial system: evidence from the changing main bank relations in japan ［J］. Journal of Finance, 1998, 53（2）: 635 – 672.

［256］ Yang Y, Su X, Yao S. Nexus between green finance, fintech, and high-quality economic development: Empirical evidence from China ［J］. Resources Policy, 2021, 74: 1 – 8.

［257］ Zhang B, Wang Y. The Effect of Green Finance on Energy Sustainable Development: A Case Study in China ［J］. Emerging Markets Finance and Trade, 2019, 57（12）: 3435 – 3454.

［258］ Zhang D, Mohsin M, Rasheed A K et al. Taghizadeh – Hesary Farhad. Public spending and green economic growth in BRI region: Mediating role of green finance ［J］. Energy Policy, 2021, 153: 1 – 10.